LE FONDEMENT

DE

LA MORALE

AUTRES OUVRAGES DE SCHOPENHAUER

TRADUITS EN FRANÇAIS

Essai sur le libre-arbitre. 1 vol. in-18 de la *Bibliothèque de Philosophie contemporaine.* 2 fr. 50

Le Monde comme volonté et comme objet de représentation. 2 vol. in-8o, traduits par M. Burdeau. (*Sous presse.*)

AUTRES OUVRAGES DU TRADUCTEUR

Essais de sciences, de morale et d'esthétique de Herbert Spencer, traduits de l'anglais :

I. **Essais sur le progrès.** 1 vol. in-8o. 7 fr. 50

II. **Essais de politique.** 1 vol. in-8o. 7 fr. 50

III. **Essais scientifiques.** 1 vol. in-8o. 7 fr. 50

Critique de la raison pratique de Kant, traduit de l'allemand. 1 vol. in-8o. (*Sous presse.*)

Critique du jugement de Kant, traduit de l'allemand. 2 vol. in-8o. (*Sous presse.*)

La philosophie de Schopenhauer, par Th. Ribot. 1 vol. in-18 de la *Bibliothèque de Philosophie contemporaine.*

1082. — ABBEVILLE. — TYP. ET STÉR. GUSTAVE RETAUX.

LE FONDEMENT

DE

LA MORALE

MÉMOIRE NON COURONNÉ PAR LA SOCIÉTÉ ROYALE DES SCIENCES DE DANEMARK

A COPENHAGUE LE 30 JANVIER 1840

PAR

ARTHUR SCHOPENHAUER

TRADUIT DE L'ALLEMAND

PAR A. BURDEAU

Professeur agrégé de philosophie, ancien élève de l'École normale supérieure.

> Prêcher la morale, c'est chose aisée;
> fonder la morale, voilà le difficile.
> (SCHOPENHAUER, *De la Volonté dans la Nature*, p. 128.)

PARIS

LIBRAIRIE GERMER BAILLIÈRE ET Cie

108, BOULEVARD SAINT-GERMAIN, 108

Au coin de la rue Hautefeuille

1879

NOTE DU TRADUCTEUR

Le mémoire de Schopenhauer sur *le Fondement de la Morale* est de 1840 : il fut écrit en vue d'un concours ouvert par la Société Royale de Danemark. L'auteur avait alors cinquante-deux ans ; depuis vingt et un ans, il avait fait paraître son ouvrage capital : *Le Monde comme volonté et comme objet de représentation*. Ce n'est d'ordinaire ni à cet âge, ni après de pareils livres, qu'un philosophe commence à prendre part aux concours : mais Schopenhauer alors n'avait plus d'autre moyen de se faire connaître. Son grand ouvrage n'avait point été lu : la première édition n'en était pas encore épuisée (la 2e est de 1844). Or l'auteur n'était pas de ces philosophes « de vieille race », comme aurait dit Leibniz, à qui il importe peu de faire du bruit dans le monde, et qui estiment plus un seul disciple, mais digne d'eux, qu'une foule de lecteurs. Son système même, dirigé tout entier vers la pratique, et qui pour se réaliser a besoin du consentement de l'univers entier, légitimait à ses yeux son désir de popularité. Aussi pour la conquérir, jamais il ne négligea rien. En 1822, en 1825, il avait essayé, en vain, d'y arriver par l'enseignement, se faisant *privat docent* à l'Université de Berlin (1) : il n'y avait alors d'auditeurs que pour Hegel et Schleiermacher. Schopenhauer sortit de ces deux tentatives sans avoir rien gagné pour son système, sinon de s'être fortifié dans son mépris contre l'humanité, et surtout contre les professeurs de philosophie. Il n'avait toutefois pas renoncé à son ambition. On le vit bien en 1839, quand on apprit qu'il n'avait pas dédaigné de concourir pour un prix offert par l'Académie de Drontheim (Norwège) : la question proposée était celle de la Liberté. Le mémoire de Schopenhauer fut couronné (2) : et ce fut là son premier pas vers la célébrité. L'année suivante, l'Académie des sciences de Copenhague ayant mis au concours : le fondement de la morale, Schopenhauer lui envoya le présent mémoire ; mais il n'eut pas le prix : on trouvera à la fin du volume l'arrêt de l'Académie. Schopenhauer en fut outré : avec cette souplesse propre aux vaniteux, pour qui une défaite n'est jamais l'occasion d'un retour sur eux-mêmes, il se fit gloire de son insuccès. Il réunit en 1841 les deux mémoires sous le titre : *Les deux problèmes fondamentaux de l'Éthique (Die beiden Grundprobleme der Ethik).* Le présent volume complète la traduction de cet ouvrage et forme ainsi une introduction, la plus naturelle peut-être, à la philosophie de Schopenhauer ; en général, dans un système, la morale est la partie la plus accessible à la fois et la plus essentielle : cela est bien plus vrai

1. En 1825, il se fit porter sur les affiches de l'Université : toutefois il paraît qu'il ne monta pas en chaire cette année-là.

2. C'est celui qui a été traduit sous le titre : *Le libre arbitre*. Germer-Baillière, 1878.

encore du système de Schopenhauer que d'aucun autre.

Le présent écrit n'est pas celui où apparaît le moins clairement le caractère de Schopenhauer : son style n'est nulle part ni plus vigoureux, ni plus dédaigneux des convenances. L'auteur évidemment est de ces esprits qui ont à la fois la force et la brutalité, et qui confondent l'une avec l'autre. Après quelques hésitations, le traducteur s'est décidé à rendre crûment ce qui est cru dans le texte, pensant même que ces grossièretés de langage ne sont pas un des traits les moins essentiels de l'auteur et du système.

Les notes du traducteur sont, sans exception et quelle qu'en soit l'importance, désignées par les lettres (TR.), afin qu'elles ne puissent être confondues avec le texte. Les citations et expressions latines, qui abondent dans Schopenhauer, sont mises en français dans des notes : une traduction française doit être fidèle à son titre. Pour la même raison, les traductions de citations grecques ou sanscrites sont en français, au lieu d'être, comme dans le texte, en latin.

A. B.

Voici les termes dans lesquels la Société Royale avait posé sa question, avec les préliminaires dont elle l'avait fait précéder.

« Quum primitiva moralitatis idea, sive de summa lege morali principalis notio, sua quadam propria eaque minime logica necessitate, tum in ea disciplina appareat, cui propositum est cognitionem τοῦ ἠθικοῦ explicare, tum in vita, partim in conscientiæ judicio nostro de actionibus, partim in censura morali de actionibus aliorum hominum; quumque complures, quæ ab illa idea inseparabiles sunt, eamque tanquam originem respiciunt, notiones principales ad τὸ ἠθικὸν spectantes, velut officii notio et imputationis, eadem necessitate eodemque ambitu vim suam exserant, — et tamen inter eos cursus viasque, quas nostræ ætatis meditatio philosophica persequitur, magni momenti esse videatur, — cupit Societas, ut accurate hæc questio perpendatur et pertractetur :

Philosophiæ moralis fons et fundamentum utrum in idea moralitatis, quæ immediate conscientia continetur, et ceteris notionibus fundamentalibus, quæ ex illa prodeant, explicandis quærenda sunt, an in alio cognoscendi principio ? » (1).

1. L'idée primitive de la moralité, en d'autres termes la notion essentielle de la loi morale suprême, se manifeste, par une nécessité à elle propre, et tout autre que logique, en deux endroits : dans la science qui se propose comme objet de développer notre connaissance de la règle des mœurs ; et aussi dans la vie, soit par le jugement que la conscience porte sur nos propres actions, soit par l'appréciation morale que nous faisons des actions d'autrui. D'autre part, diverses idées, toutes essentielles, toutes ayant rapport à la règle des mœurs, et d'ailleurs inséparables de la précédente, d'où elles dépendent comme de leur principe (par exemple, l'idée du devoir et de la responsabilité), se manifestent avec la même nécessité et ont la même portée. Néanmoins, au moment où les esprits philosophiques d'aujourd'hui tentent tant d'expéditions, essaient tant de routes, il semble bien important de renouveler la discussion sur ce sujet. — Pour ces raisons, la Société souhaite de voir examiner et traiter à fond la question suivante :

L'origine et le fondement de la morale doivent-ils être cherchés dans l'idée de la moralité, qui est fournie directement par la conscience *(psychologique ou morale ?)* et dans les autres notions premières qui dérivent de cette idée, ou bien dans quelque autre principe de la connaissance ?

LE FONDEMENT DE LA MORALE

CHAPITRE PREMIER.

INTRODUCTION.

§ 1. — *Le Problème.*

La société Royale Hollandaise de Haarlem, en 1810, mit au concours la question suivante, qui fut résolue par J. C. F. Meister : « Pourquoi les philosophes ont-ils entre eux de tels différends au sujet des principes de la morale, tandis que dans les conséquences, quand il s'agit de déduire de leurs principes nos devoirs, ils sont d'accord ? » Cette question n'était qu'un jeu, en comparaison de notre tâche à nous. En effet :

1° Dans le problème que nous propose aujourd'hui la Société Royale, il ne s'agit pas de moins que du véritable fondement objectif de la morale, et par suite aussi de la moralité. C'est par une Académie qu'il nous est proposé : une Académie ne peut pas nous demander de poursuivre un but pratique, de composer une exhortation à l'honnêteté et à la vertu, toute appuyée sur quelques-uns de ces principes, dont on met en lumière les côtés spéciaux et dont on voile les côtés faibles: ces façons-là sont bonnes pour les traités populaires. Une Académie, elle, ignore les intérêts pratiques, et ne connait que ceux de la science : ce qu'il lui faut, c'est un exposé tout philosophique, c'est-à-dire indépendant de toute loi positive, de toute hypothèse gratuite, et par conséquent de toute hypostase métaphysique ou mythologique, un exposé impartial, sans faux ornement, et comme nu, du principe dernier de la droite manière de vivre. — Or un seul fait suffira pour montrer dans toute son étendue la difficulté d'un tel problème : c'est que non-seulement les philosophes de tous les temps et de tous les pays ont usé leurs dents à vouloir l'entamer, mais tous les Dieux, de l'Orient et de l'Occident, lui doivent l'existence. Si donc cette fois on en vient à bout, certes la Société Royale n'aura pas à regretter son argent.

2° Voici un autre embarras auquel est exposé celui qui cherche le fondement de la morale : il risque de paraître bouleverser une partie de l'édifice, qui ruinée entraînerait à sa suite le tout. La question pratique ici tient de si près à la question théorique, qu'avec les intentions les plus pures il aura du mal à ne pas se laisser emporter par son zèle dans un domaine étranger. Ce n'est pas le premier venu qui saura distinguer clairement entre la recherche purement théorique, libre de tous intérêts, même de ceux de la morale pratique, et dont l'unique objet est la vérité en soi, et les entreprises d'un esprit frivole contre les convictions les plus saintes de l'âme. Si donc il est une chose que l'on doive avoir sans cesse devant les yeux, pour mettre la main à une telle œuvre, c'est que nous sommes ici dans le lieu le plus éloigné possible de la place publique où les hommes, dans la poussière, dans le tumulte, travaillent, s'agitent ; dans cette retraite profondément silencieuse, le sanctuaire de l'Académie, où ne saurait pénétrer aucun bruit du dehors, où nulle autre divinité n'a de statue, que la seule Vérité, majestueuse, toute nue.

De ces deux prémisses je conclus, d'abord qu'il faut me permettre une entière franchise, sans parler de mon droit de tout mettre en question ; ensuite que si, même dans ces conditions, je réussis à faire un peu de bonne besogne, ce sera déjà bien travaillé.

Mais je n'en ai pas fini avec les difficultés qui se dressent devant moi. En voici une nouvelle : ce que la Société Royale demande, c'est le fondement de l'Ethique, considéré isolément et en soi, et démontré dans une courte monographie : la question doit être examinée en dehors de tout rapport avec un système particulier de philosophie; il en faut laisser de côté la partie métaphysique. Cette condition ne rend pas seulement la tâche plus malaisée, elle me réduit à la laisser inachevée. Christian Wolf a dit : « Pour dissiper les ténèbres de la philosophie pratique, il n'y a qu'un moyen : d'y introduire la lumière de la métaphysique. » (*Phil. pract.* Pars II, § 28.) Et Kant : « Si la métaphysique ne marche pas devant, il n'y a pas de philosophie morale possible. » (*Fondement de la métaphysique des mœurs.* Préface.) Il n'y a pas une religion sur la terre qui, en imposant aux hommes une morale, ait laissé cette morale se soutenir elle-même : toutes lui donnent pour base un dogme, qui même n'a pas d'autre utilité essentielle. Pareillement en philosophie, le fondement de l'éthique, quel qu'il soit, doit à son tour trouver son point d'appui, sa base, dans quelque métaphysique, dans une explication, telle que le système la fournira, de l'univers, de l'existence en général. En effet l'idée dernière, l'idée véritable qu'on se fera de l'essence intime de toutes choses, dépend étroitement, nécessairement, de celle qu'on aura de la signification morale de l'activité humaine. En tout cas, le principe qu'on prendra pour fondement de l'éthique, à moins d'etre une proposition purement abstraite, sans appui dans le monde réel, et qui flotterait librement dans l'air, ce principe devra être un fait soit du monde extérieur, soit du monde de la conscience humaine ; en cette qualité, il ne sera qu'un phénomène, et comme tous les phénomènes du monde, il réclamera une explication ultérieure, pour laquelle il faudra bien s'adresser à la métaphysique. D'une façon générale, la philosophie forme un tout tellement lié, qu'on n'en saurait exposer une seule partie bien à fond, sans y joindre tout le reste. Aussi Platon a-t-il bien raison de dire : « Ψύχης οὖν φύσιν ἀξίως λόγου κατανοῆσαι οἴει δυνατὸν εἶναι, ἄνευ τῆς τοῦ ὅλου φύσεως; » « Crois-tu donc qu'il soit possible de connaître la nature de l'âme, d'une façon qui contente la raison, sans connaître la nature du tout »). (Phèdre) La métaphysique de la Nature, la métaphysique des Mœurs et la métaphysique du Beau, se supposent mutuellement, et c'est par leur union seule que s'achève l'explication de l'essence des choses et de l'existence en général. Aussi, qui aurait pénétré l'*une* seulement des trois jusque dans son dernier fond, aurait du même coup soumis les deux autres à son explication. C'est ainsi que, si nous avions, d'*une seule* des choses de ce monde, une connaissance complète, et qui fût claire jusque dans son dernier fond, nous connaîtrions aussi et par là même tout le reste de l'univers.

En partant d'une métaphysique donnée, et tenue pour véritable, on arriverait par la voie *synthétique* à découvrir le fondement de la morale ; celui-ci serait donc établi assise par assise, et par suite la morale elle-même se trouverait solidement établie. Mais, de la façon dont la question est posée, puisqu'il faut séparer l'éthique de toute métaphysique, il ne nous reste plus qu'à procéder par analyse, à partir des faits, soit ceux de l'expérience sensible, soit ceux de la conscience. Sans doute, on peut fouiller jusqu'à la racine dernière de ceux-ci, et la trouver dans l'âme humaine ; mais enfin cette racine sera un fait premier, un phénomène primordial, sans plus, et qui ne saurait se ramener lui-même à aucun principe : ainsi donc l'explication tout entière sera purement *psychologique*. Tout au plus pourra-t-on, mais en passant, indiquer le lien qui la rattache au principe de quelque théorie générale d'ordre métaphysique. Tout au contraire, ce fait fondamental, ce phénomène moral primitif, on pourrait lui trouver à lui-même une base, si, commençant par la métaphysique, on avait le droit de déduire de là, par voie de synthèse, l'éthique. Mais alors c'est un système complet de philosophie qu'on entreprendrait d'exposer : ce qui serait dépasser étrangement les limites de la question proposée ici. Je suis donc forcé de renfermer ma solution dans les limites même que détermine le problème, énoncé, comme il l'est, isolément.

En dernier lieu, le fondement sur lequel j'ai dessein d'établir l'éthique sera fort étroit : par suite, en règle générale, dans celles des actions des hommes qui sont légitimes, dignes d'approbation et d'éloge, une part seulement, la plus petite, nous paraîtra due à des motifs moraux purs, et l'autre, la plus grande, à des raisons toutes différentes. Cela est moins satisfaisant certes, et plaît moins à l'œil, que par exemple un impératif catégorique, qui est toujours là, à nos ordres, prêt à venir nous donner lui-même les siens sur tout ce que nous devons faire et éviter ; sans parler d'autres principes de morale, tout matériels ceux-là. Je ne peux ici que recourir à cette parole de l'Ecclésiaste (IV, 6) : « Mieux vaut le creux de la main rempli de repos, que deux pleines poignées de labeur et d'effort stérile. » De vérité authentique, résistant à l'examen, indestructible, il n'y en a qu'une petite quantité, dans toute connaissance : c'est ainsi que dans le minerai, un quintal de pierre recèle à peine quelques onces d'or. Mais préférez-vous une propriété *assurée* à une propriété *considérable* ? ce peu d'or, qui reste dans le vase, à cette énorme masse, que le lavage a emportée ? pour mieux dire, seriez-vous disposé à me blâmer, si j'enlevais à la morale son fondement au lieu de le lui assurer ? alors je vous prouve que les actions légitimes et louables des hommes ne contiennent souvent nul élément moral pur, n'en contiennent d'ordinaire qu'une *petite* proportion, et pour le surplus, naissent de motifs qui, en dernière analyse, empruntent toute leur force à l'égoïsme de l'agent ; c'est là ce que je vais exposer, non sans crainte, mais avec résignation, car il y a longtemps que j'ai reconnu la justesse de cette parole de Zimmermann : « Garde cette pensée dans ton cœur, jusqu'à la mort : il n'y a rien au monde d'aussi rare qu'un bon juge. » (*De la solitude*, P. I. chap. III, p. 93.) Déjà en esprit je vois ma théorie : combien petite y sera la place destinée à recevoir, d'où qu'elles puissent venir, les bonnes actions sincères et libres, la vraie charité, la vraie générosité ! combien vaste celle de leurs rivales ! audacieusement, elles offrent à la morale une large base, capable de tout supporter, et qui ainsi tente la conscience du sceptique, déjà troublé à la pensée de sa propre valeur morale! Ce principe des actions pures, il est pauvre, sa voix est faible : telle devant le roi Lear Cordelia, qui ne sait parler, ne peut que dire qu'elle sent son devoir; en face, sont ses sœurs, prodigues de paroles, et qui font éclater leurs protestations. Ici, ce n'est pas trop pour se fortifier le cœur, que la maxime du sage : « La vérité est puissante, et la victoire lui appartient. » Maxime qui encore, lorsqu'on a vécu, appris, ne ranime plus guère. Pourtant, je veux une fois me risquer avec la vérité : quelle que soit ma fortune, ma fortune sera la sienne.

§ 2. — *Coup d'œil rétrospectif d'ensemble.*

Pour le peuple, c'est à la théologie qu'il appartient de fonder la morale : celle-ci devient alors la volonté de Dieu exprimée. Quant aux philosophes, nous les voyons au contraire se donner bien garde de suivre cette méthode dans l'établissement de la morale; dans la seule pensée de l'éviter, ils aimeront mieux se rejeter sur des principes sophistiques. D'où vient cette contradiction? A coup sûr on ne peut concevoir pour la morale une base plus solide que la base offerte par la théologie : car où est le présomptueux qui irait braver la volonté du Tout-Puissant, de Celui qui sait tout? Nulle part, assurément; pourvu, bien entendu, que cette volonté nous fût déclarée d'une façon bien authentique, qui ne laissât point de place au doute, d'une façon officielle, si on peut le dire. Malheureusement, c'est là une condition qui n'est jamais remplie. Tout au rebours, quand on cherche à nous montrer, dans cette loi, la volonté de Dieu révélée, on s'appuie sur ce qu'elle est d'accord avec nos idées morales, qui nous viennent d'ailleurs, c'est-à-dire de la nature : c'est à la nature, en somme, qu'on en appelle, comme à un juge suprême et plus sûr.

Puis arrive une autre réflexion : un acte de moralité qui serait déterminé par la menace d'un châtiment et la promesse d'une récompense, serait moral en apparence plus qu'en réalité : en effet, il a pour vrai principe l'égoïsme, et ce qui enfin de compte ferait pencher la balance en pareil cas, ce serait le plus ou moins de facilité qu'aurait l'individu à croire une doctrine garantie par des raisons insuffisantes. Mais aujourd'hui, Kant ayant détruit les fondements, jusque-là réputés solides, de la *théologie spéculative*, pour s'efforcer ensuite de l'établir à son tour sur l'Éthique, à qui elle avait toujours servi de support, et lui conférer ainsi une certaine existence, à vrai dire tout idéale, aujourd'hui moins que jamais il n'est permis de songer à asseoir l'Éthique sur la Théologie : on ne sait plus des deux quelle est celle qui doit former le couronnement de l'édifice, ni quelle la base ; et l'on finirait par rouler dans un cercle vicieux.

Dans ces cinquante dernières années, trois choses ont agi sur nous : la philosophie de Kant, les progrès incomparables des sciences physiques, qui font que dans la vie de l'humanité les époques antérieures ne sont plus, en face de la nôtre, qu'une enfance ; enfin le commerce des livres sanscrits, du brahmanisme et du Bouddhisme, ces deux religions les plus antiques et les plus répandues qu'ait eues l'humanité, c'est-à-dire les premières de toutes au regard du temps et de l'espace : elles furent même la religion primitive et nationale de notre propre race, car, on le sait, nous venons d'Asie ; aujourd'hui, dans notre nouvelle patrie, nous en recevons une seconde révélation. Eh bien ! par toutes ces raisons, les idées philosophiques essentielles des hommes éclairés en Europe ont subi une transformation, que plus d'un peut-être ne s'avoue pas sans hésitation, mais que pourtant on ne saurait nier. Par suite, les antiques appuis de la morale, eux aussi, sont comme pourris ; et toutefois cette conviction n'en persiste pas moins, que la morale, elle, ne saurait succomber : c'est donc qu'il doit se rencontrer d'autres appuis pour remplacer les anciens, des principes conformes aux idées de l'époque renouvelées par le progrès. Sans doute, c'est parce qu'elle a connu ce besoin, de jour en jour plus pressant, que la Société Royale a proposé la question si grave dont il s'agit ici.

De tout temps on a vu mettre la morale en bons et nombreux sermons : quant à la fonder, c'est à quoi l'on n'a jamais réussi. A voir les choses d'ensemble, on s'aperçoit que les efforts de tous ont toujours tendu à ceci : trouver une vérité objective, d'où puissent se déduire logiquement les préceptes de la morale. Cette vérité, on l'a cherchée tantôt dans la nature des choses, tantôt dans la nature humaine : mais en vain. En résultat, toujours on a trouvé que la volonté de l'homme va à son propre bien-être, à ce qui, entendu dans son sens le plus complet, s'appelle le *bonheur* ; qu'ainsi, par son penchant propre, elle suit une route toute différente de celle que la morale aurait à lui enseigner. Maintenant ce bonheur, on cherche à le concevoir tantôt comme identique à la vertu, tantôt comme une conséquence et un effet de la vertu : de part et d'autre, échec ; et pourtant ce n'est pas qu'on y ait épargné les sophismes. On a eu recours tour à tour à des propositions découvertes *a priori* et à des propositions *a posteriori*, pour en déduire la règle de la droite conduite : mais ce qui manquait, c'était un point d'appui dans la nature humaine, qui nous donnât le moyen de résister au penchant égoïste, et de diriger nos forces dans un sens inverse. Quant à énumérer et à critiquer ici tous les principes sur lesquels on a voulu jusqu'à présent asseoir la morale, l'entreprise me paraît superflue : d'abord parce que je suis de l'avis de saint Augustin : « Ce n'est pas tant aux opinions des hommes qu'il faut regarder, mais à la vérité en elle-même. » (« Non est pro magno habendum quid homines senserint, sed quæ sit rei veritas »). Ensuite, ce serait vraiment là « porter des chouettes à Athènes » (γλαῦκας εἰς Ἀθήνας κομίζειν) : car la Société Royale connaît assez les tentatives de nos prédécesseurs pour fonder l'éthique, et par la question qu'elle nous propose, elle donne assez à entendre qu'elle en sent bien l'insuffisance. Quant aux lecteurs moins bien renseignés, ils trouveront un résumé non pas complet, mais suffisant pour l'essentiel, des tentatives antérieures dans la « *Revue des Principes les plus importants de la doctrine des mœurs* » de Garve, et aussi dans « *l'Histoire de la philosophie morale* », de Stäudlin, et autres ouvrages semblables. — Sans doute, il est décourageant de songer que l'éthique, une science qui intéresse directement notre vie, ait eu un sort aussi malheureux que la métaphysique même, cette science abstruse, et qu'après les bases posées par Socrate, après tant de travaux incessants, elle en soit encore à chercher son premier principe. Car dans l'éthique, plus qu'en aucune autre science, l'essentiel se trouve tout dans les premières propositions : le reste s'en déduit facilement, et va de soi-même. Tous savent *conclure*, peu savent *juger*. Et c'est bien pour cela que les gros livres, les doctrines et les leçons de morale, sont aussi inutiles qu'ennuyeux. Toutefois, je dois supposer connus au préalable tous les fondements de la morale jusqu'ici proposés : et cela me soulage. Celui qui aura jeté un coup d'œil sur les philosophes anciens et modernes (quant au moyen âge, les dogmes de l'Église lui suffiront), sur les arguments si variés, parfois si étranges dont ils ont essayé pour trouver une base qui satisfît aux exigences, généralement admises, de la morale, et sur leur évident insuccès ; celui-là pourra mesurer la difficulté du problème, et juger par là de la valeur de mon œuvre. Et quiconque aura vu combien les voies qu'on a jusqu'ici suivies conduisent peu au but, sera plus disposé à en tenter avec moi une toute différente, qu'on a jusqu'ici ou manqué de voir, ou négligée, peut-être parce qu'elle était la plus naturelle (1). En somme, ma solution du problème rappellera à plus d'un lecteur l'œuf de Colomb.

1. Jo dir non vi saprei per qual aventurá,
O piuttosto per qual fatalità,
Da noi credito ottien più l'impostura,
Che la semplice e nuda verità.
(Casti).

Je ne puis dire par quel hasard, ou plutôt par quel fatal destin, l'imposture a auprès de nous plus de crédit, que la vérité simple et nue.

Je ne ferai exception que pour la dernière tentative d'établissement de la morale, la tentative de Kant : je l'examinerai en la critiquant, et j'y consacrerai d'autant plus d'espace. D'abord la grande réforme de la morale par Kant a donné à cette science une base, bien préférable en plusieurs points aux précédentes ; ensuite, elle a été, dans l'histoire de l'Éthique, le dernier grand événement : aussi le principe sur lequel Kant l'a assise passe-t-il encore aujourd'hui pour solide, et c'est à sa manière qu'on l'enseigne partout ; c'est tout au plus si l'on change en quelques endroits l'exposition, si on l'habille de quelques expressions nouvelles. C'est donc la morale de ces soixante dernières années qu'il s'agit d'écarter de notre route, avant de pouvoir avancer. D'ailleurs, en faisant cet examen, je trouverai l'occasion de rechercher et d'étudier la plupart des idées fondamentales de l'éthique : c'est de ces éléments que plus tard je tirerai ma solution. Et même, comme les idées contraires s'éclairent l'une par l'autre, la critique du principe de la morale selon Kant sera la préparation et l'introduction la meilleure, disons mieux, le chemin le plus direct pour arriver à ma propre doctrine, qui, dans l'essentiel, est diamétralement opposée à celle de Kant. Par suite, ce serait prendre tout à rebours, que de sauter par dessus cette critique, pour aller tout d'abord à la partie positive de l'ouvrage : on ne la comprendrait alors qu'à moitié.

Prenons les choses de haut : il est certes grand temps que l'éthique soit une bonne fois sérieusement soumise à un interrogatoire. Depuis plus d'un demi-siècle, elle repose sur cet oreiller commode, disposé pour elle par Kant, « l'impératif catégorique de la raison pratique ». De nos jours, toutefois, cet impératif a pris le nom moins pompeux, mais plus insinuant et plus populaire, de « loi morale » : sous ce titre, après une légère inclinaison devant la raison et l'expérience, il se glisse en cachette dans la maison ; une fois là, il régente, il commande ; on n'en voit plus la fin ; il ne rend plus de comptes. — Kant était l'inventeur de cette belle chose, il s'en était servi pour chasser d'autres erreurs plus grossières ; il s'y reposa donc : cela était juste est nécessaire. Mais d'être réduit à voir, sur cet oreiller qu'il a arrangé et qui depuis n'a cessé de s'élargir, se rouler à leur tour les ânes, cela est dur : les ânes, je veux dire, ces faiseurs d'abrégés que nous voyons tous les jours, avec cette tranquille assurance qui est le privilège des imbéciles, se figurer qu'ils ont fondé l'éthique, parce qu'ils ont fait appel à cette fameuse « loi morale » qui, dit-on, habite dans notre raison, et parce qu'après cela, avec leurs phrases embrouillées, qui ont l'air de traîner une queue de robe à leur suite, ils ont réussi à rendre inintelligibles les relations morales les plus claires et les plus simples : durant tout ce travail, bien entendu, pas une fois ils ne se sont demandé sérieusement si en réalité il y a bien une telle « loi morale », une sorte de Code de l'éthique gravé dans notre tête, dans notre sein, ou dans notre cœur. Aussi je l'avoue, c'est avec un plaisir tout particulier, que je me prépare à enlever à la morale ce large oreiller, et je déclare sans en faire mystère mon projet : c'est de montrer, dans la raison pratique et l'impératif catégorique de Kant, des hypothèses sans justification, sans fondement, de pures fantaisies ; de faire voir que la morale de Kant, elle aussi, manque de toute base solide ; et ainsi de rejeter l'éthique dans son ancien état, d'extrême perplexité. Elle y restera ; et alors seulement je procéderai à révéler le vrai principe moral propre à la nature humaine, qui a son fondement dans notre essence même, et dont l'efficacité est au-dessus du doute. Et voici la raison de mon procédé : ce principe ne nous offre pas une base aussi large que l'ancien oreiller ; aussi ceux qui s'y trouvent plus à leur aise et plus accoutumés, n'abandonneront pas leur vieux lit, qu'on ne leur ai fait voir clairement combien est miné le terrain sur lequel il repose.

CHAPITRE II.

CRITIQUE DU FONDEMENT DE LA MORALE PROPOSÉ PAR KANT.

§ 3. — *Vue d'ensemble du sujet.*

Kant a bien mérité de la morale en un point : il l'a purifiée de tout souci du bonheur de tout eudémonisme. L'Ethique des anciens était une doctrine du bonheur ; celle des modernes, le plus souvent, une doctrine du salut éternel. Les anciens voulaient établir l'identité de la vertu avec la félicité : mais c'était là comme deux figures qu'on avait beau tourner dans tous les sens, on n'arrivait pas à les faire coïncider. Quant aux modernes, ce n'était plus par un rapport *d'identité*, mais de *causalité*, qu'ils prétendaient les relier : il s'agissait de faire du bonheur une suite de la vertu ; mais ils ne surent jamais y parvenir qu'en supposant un monde différent de celui que nous pouvons connaître, ou bien en usant de sophisme. Parmi les anciens, il y a une exception unique, Platon : son éthique n'est pas intéressée, mais aussi tourne-t-elle au mysticisme. Quant à la morale des cyniques et des stoïciens, elle n'est qu'un eudémonisme d'une espèce à part. C'est ce que je pourrais montrer : les raisons ni les preuves à l'appui ne me manquent pas, mais bien la place, car il faut songer à ma tâche présente (1). Pour les anciens comme pour les modernes, donc, si l'on excepte Platon, la vertu n'était qu'un moyen

1. Pour trouver un exposé complet de ces idées, voir *le Monde comme volonté et comme représentation*, 3ᵉ édition, vol. I, § 16, p. 103 sqq., et vol. II, chap. XVI, p. 166 sqq.

en vue d'une fin étrangère. Sans doute, à prendre les choses en toute rigueur, ce serait plutôt en apparence qu'en réalité, que Kant aurait banni de la morale le souci du bonheur. Il conserve en effet entre la vertu et le bonheur un lien mystérieux, par sa théorie du souverain bien : il y a un chapitre isolé et obscur de son livre où ces deux choses se réunissent, tandis qu'au grand jour, la vertu traite le bonheur en étranger. Mais cette réserve faite, chez Kant, on doit le dire, le principe de la morale est indépendant de l'expérience et de ses leçons ; il est transcendental, métaphysique. Kant reconnait que la conduite de l'homme a une valeur supérieure à tout ce qu'atteint l'expérience ; c'est par là seulement qu'on peut jeter un pont jusqu'à ce monde qu'il appelle intelligible, *mundus noumenon*, monde des choses en soi.

La gloire qu'a conquise l'éthique de Kant, elle la doit, sans parler de ses autres mérites dont j'ai déjà touché un mot, à la pureté et à la noblesse morale de ses conclusions. La plupart n'en ont pas vu davantage, ils ne se sont guère souciés d'en examiner les fondements : c'est qu'en effet c'est là une œuvre très-compliquée, abstraite, d'une forme extrêmement artificielle : Kant y a naturellement mis toute sa subtilité, tout son art des combinaisons, pour donner au tout un air de solidité. Par bonheur, il a traité cette question du *fondement* de l'éthique, en la séparant de son éthique même, dans un ouvrage spécial, le « *Fondement de la métaphysique des Mœurs* » : le sujet de cet ouvrage est donc celui même qui nous est proposé. Il y dit en effet ceci, p. XIII de la préface(1) : «Le présent ouvrage ne comprend rien de plus que la recherche et l'établissement du principe dernier de toute moralité : ce qui constitue déjà une œuvre à part, et, grâce au but poursuivi, un tout bien distinct de toute autre étude concernant les mœurs. » Dans ce livre, nous trouvons un exposé de ce qu'il y a d'essentiel dans son éthique, le plus systématique, le plus lié et le plus précis qu'il nous en ait donné. Un autre mérite propre à ce livre, c'est qu'il est la plus ancienne de ses œuvres

1. Édition de 1792. — (TR.)

morales : il n'est que de quatre ans postérieur à la *Critique de la Raison pure*, ainsi il est d'une époque où Kant, bien qu'il comptât déjà soixante et un ans, n'avait pourtant éprouvé sensiblement aucun des fâcheux effets de l'âge sur l'esprit de l'homme. Ces effets sont déjà facile à observer dans la *Critique de la Raison pratique*, qui date de 1788, un an après cette seconde édition de la *Critique de la Raison pure* où, par une transformation malheureuse, Kant visiblement a gâté son œuvre capitale, immortelle ; mais c'est là un fait qui a été analysé dans la préface mise par Rosenkranz en tête de l'édition qu'il en a donnée : après examen je ne puis que donner mon assentiment à cette critique (1) La *Critique de la Raison pratique* renferme à peu près les mêmes choses que ce « *Fondement*, etc. » ; seulement, dans ce dernier ouvrage, la forme est plus concise et plus exacte ; dans l'autre, le développement est plus abondant, coupé de digressions, et l'auteur, pour agir plus profondément, a appelé à son aide quelques déclamations morales. Kant avait, comme il le dit alors, obtenu enfin, et tardivement, une gloire bien méritée : sûr de trouver une infatigable attention chez le lecteur, il cédait déjà un peu plus à ce faible des gens âgés, la prolixité. L'objet propre de la *Critique de la Raison pratique* était d'offrir une place d'abord à cette théorie, si au-dessus de tout éloge, et qui a dû assurément être créée plus tôt, du rapport entre la liberté et la nécessité (pp. 169-179 de la 4e édition, et 223-231 de Rosenkranz) : cette théorie au reste est d'accord avec celle qui se trouve dans la *Critique de la Raison pure* (pp. 560-568 ; R. 438 sqq.) ; et en second lieu, d'offrir une place aussi à sa théologie morale, qui était là, on le reconnaîtra de plus en plus, le but principal de Kant. Enfin, dans les *Éléments métaphysiques de la doctrine de la vertu*, ce déplorable annexe de sa *Doctrine du droit*, composé en 1797, on sent à plein l'affaiblissement de l'âge. Pour toutes ces raisons, je pren-

1. C'est de moi-même qu'elle procède, mais ici je parle en anonyme.

drai pour guide, dans ma présente critique, l'ouvrage que j'ai nommé d'abord, le *Fondement de la métaphysique des mœurs* ; c'est à cet écrit que se rapporteront toutes les citations sans mention spéciale autre que le chiffre de la page : que le lecteur veuille bien s'en souvenir. Quant aux deux autres œuvres, je ne les considérerai que comme accessoires et secondaires. Pour bien entendre cette critique, dont le but est de renverser de fond en comble la morale de Kant, il sera tout à fait nécessaire au lecteur de prendre ce livre du *Fondement*, puisqu'il nous occupera directement (il ne comprend que 128-XIV pages, et dans Rosenkranz 100 pages en tout), et de le relire d'abord avec attention, afin de l'avoir bien présent à la mémoire dans son ensemble. Je cite d'après la 3e édition, de 1792 ; le chiffre précédé d'un R indique la page de l'édition des œuvres complètes par Rosenkranz.

§ 4. — *De la forme impérative de la morale de Kant.*

Le πρῶτον ψεῦδος (1) de Kant réside dans l'idée qu'il se fait de l'Éthique même, et dont voici l'expression la plus claire (p. 62 ; R. 54) : « Dans une philosophie pratique, il ne s'agit pas de donner les raisons de ce qui arrive, mais les lois de ce *qui devrait arriver, cela n'arrivât-il jamais.* » — Voilà une pétition de principe bien caractérisée Qui vous dit qu'il y ait des lois auxquelles nous *devions* soumettre notre conduite ? Qui vous dit que *cela doit arriver, qui n'arrive jamais* ? — Où prenez-vous le droit de poser dès l'abord cette affirmation, puis là-dessus, de nous imposer, avec le ton impératif d'un législateur, une éthique, en la déclarant la seule possible ? Quant à moi, tout au rebours de Kant, je dis que le moraliste est comme le philosophe en général, qu'il doit se contenter d'expliquer et d'éclaircir les données de l'expérience, de prendre ce qui existe ou qui arrive dans la

1. L'erreur première. (TR.)

réalité, pour parvenir à le rendre *intelligible* ; et qu'à ce compte, il a beaucoup à faire, considérablement plus qu'on n'a encore fait jusqu'ici, après des milliers d'années écoulées. Conformément à la pétition de principe commise par Kant, et ci-dessus indiquée, on voit ce philosophe, dans sa préface, qui roule toute sur ce sujet, admettre *avant* toute recherche qu'il y a des *lois morales* pures, et cette proposition subsiste dans la suite du livre, et sert de base dernière à tout le système. Or, il nous convient à nous d'examiner d'abord la notion de la loi. Le mot, dans son sens propre et primitif, signifie seulement la loi civile, *lex*, νόμος : un arrangement établi par les hommes, reposant sur un acte de la liberté humaine. La notion de la loi reçoit encore un second sens, détourné, figuré, métaphorique, quand on l'applique à la nature : ce sont alors des faits d'expérience constants, connus *a priori* ou constatés *a posteriori*, que par métaphore nous appelons lois de la nature. De ces lois naturelles, une très-faible partie seulement peut être découverte *a priori* : Kant, en vertu d'une pensée profonde et heureuse, les a mises à part, réunies, sous ce nom, la *Métaphysique de la nature*. La volonté humaine aussi a sa loi, car l'homme fait partie de la nature : c'est une loi qui peut se démontrer en toute rigueur, loi inviolable, loi sans exception, loi ferme comme le roc, qui possède non pas, comme l'impératif catégorique, une quasi-nécessité, mais une nécessité pleine : c'est la loi du déterminisme des motifs, qui est une forme de la loi de causalité, la causalité passant par cet intermédiaire, la connaissance. C'est là la seule loi qu'on puisse attribuer, en vertu d'une démonstration, à la volonté humaine, et à laquelle celle-ci obéisse par nature. Cette loi exige que toute action soit simplement la conséquence d'un motif suffisant. Elle est comme la loi de la causalité en général, une loi de la nature. Au contraire, y a-t-il des lois morales, indépendantes de tout établissement humain, de toute convention civile, de toute théorie religieuse ? c'est ce qu'on ne peut admettre sans preuve : donc, en admettant dès l'abord de telles lois, Kant commet une pétition de principe. Cette faute est d'autant plus audacieuse, que lui-même, à la page VI de la préface, ajoute : une loi morale doit avoir un caractère d'absolue nécessité. Or le propre d'une telle nécessité, c'est que les effets en sont inévitables : dès lors, comment peut-on parler de nécessité absolue à propos de ces prétendues lois morales ? de ces lois dont il donne cet exemple : « Tu dois ne pas mentir » (1) ? car visiblement, et de l'aveu de Kant même, le plus souvent elles restent sans effet : bien plus, c'est là la règle. Dans une morale scientifique, si l'on veut admettre pour la volonté des lois différentes du déterminisme des motifs, des lois primitives, indépendantes de toute institution humaine, il faudra, en prenant les choses par le pied, prouver qu'elles existent et les déduire ; si du moins on veut bien songer qu'en éthique, il ne suffit pas de prêcher la loyauté, qu'il faut la pratiquer. Tant que cette preuve ne sera pas faite, je ne connais aucune raison d'introduire en morale la notion de loi, de précepte, de devoir : cette façon de procéder n'a qu'une origine étrangère à la philosophie, elle est inspirée par le décalogue de Moïse. Un signe trahit bien naïvement cette origine, dans l'exemple même cité plus haut, et qui est le premier que donne Kant, d'une loi morale, « tu dois » (*du sollt*). Quand une notion ne peut se réclamer d'une autre origine que celle-là, elle ne peut pas s'imposer sans autre forme de procès à la morale philosophique, elle doit être repoussée, jusqu'à ce qu'elle se présente, accréditée par une preuve régulière. Dans ce concept, nous trouvons la première pétition de principe de Kant, et elle est grave.

Après avoir, par ce moyen-là, dans sa préface, admis sans plus de difficulté la loi morale, comme une réalité donnée et incontestée, Kant poursuit et en fait autant (p. 8 ; R. 16) pour la notion, alliée à la précédente, du *devoir* : sans lui imposer un plus long examen, il la reçoit à titre de notion essentielle en éthique.

1. Ou : « Tu ne mentiras point. » Ce qui est la formule biblique. — Ici il y a dans le texte original une orthographe ancienne, celle de Zwingli, de Luther dans sa traduction de la Bible (*du sollt* pour *du sollst*) ; Schopenhauer la relève. — (TR.)

Je suis forcé de renouveler ici mes protestations. Ce concept, avec tous ses voisins, ceux de *loi*, de *commandement*, de *nécessité morale* et autres, si on le prend en ce sens absolu, est emprunté à la morale théologique, et n'est dans la morale philososophique qu'un étranger, jusqu'à ce qu'on en ait trouvé une justification valable, soit dans l'essence de la nature humaine, soit dans celle du monde objectif. Jusque-là, je ne lui reconnais, à lui et à ses proches, qu'une origine, le Décalogue. En général, depuis le christianisme, la morale philosophique a emprunté, sans le savoir, sa forme à la morale des théologiens ; celle-ci a pour caractère essentiel de *commander* : et de même la morale des philosophes a pris la forme du précepte, d'une théorie des devoirs, cela en toute innocence, et sans imaginer que sa tâche vraie fût bien différente ; mais bien plutôt ils étaient persuadés, que c'était bien là sa forme propre et naturelle. Sans doute on ne saurait nier ce qui a été reconnu de tous les peuples, dans tous les temps, par toutes les religions, et même (si l'on fait exception pour les matérialistes purs) par tous les philosophes : la valeur métaphysique, supérieure à toute réalité sensible, et qui n'est à sa place que dans la région de l'éternel, la valeur de l'activité humaine en ce qu'elle a de moral ; mais ce n'est pas une erreur moindre, de croire qu'il est dans l'essence de cette valeur, de se manifester sous la forme du commandement et de l'obéissance, de la loi et de l'obligation. Dès qu'on sépare ces idées des hypothèses théologiques, dont elles sont un rejeton, elles perdent toute signification ; et d'aller se figurer, avec Kant, que pour remplacer ces hypothèses, il suffit de parler de nécessité morale *absolue* et de devoir *inconditionnel* c'est vouloir payer de mots le lecteur, et même lui faire avaler, une vraie *contradictio in adjecto*(1). Une *nécessité morale* n'a de sens ni de valeur que par son rapport à une menace de châtiment, ou à une promesse de récompense. Aussi, bien avant qu'il fût ques-

1. *Contradiction dans l'adjectif*; elle a lieu quand on joint à une chose, dans le langage, un attribut qui contredit l'essence de cette chose. — (TR.)

tion de Kant, Locke disait déjà : « Il serait fort inutile d'imaginer une règle qu'on imposerait aux actions libres de l'homme, sans y joindre quelque sanction, une peine et une récompense propres à déterminer la volonté : nous devons donc, partout où nous supposons une loi, supposer aussi une récompense ou un châtiment uni à cette loi. » (*Essais sur l'entendement*, II, c. XXXII, § 6) (1). Toute nécessité morale est donc subordonnée à une conditition, à un châtiment ou à une récompense : pour parler comme Kant, elle est essentiellement, inévitablement, *hypothétique*, et jamais, comme lui l'affirme, *catégorique*. Supprimez par la pensée ces conditions, l'idée de cette nécessité reste vide de sens : donc la *nécessité morale absolue* est forcément une *contradictio in adjecto*. Quand une voix commande, qu'elle parte du dedans de nous ou du dehors, il est simplement impossible qu'elle n'ait pas le ton de la menace, ou bien de la promesse : dès lors le sujet peut, selon le cas, faire preuve ici de sagesse ou de sottise : toujours il restera intéressé ; donc il n'aura pas de valeur morale. Le caractère inintelligible, absurde, de cette notion d'une *nécessité morale absolue*, mise ainsi à la base du système de Kant, éclate au milieu du système même, un peu plus tard, dans la *Critique de la raison pratique* : comme il arrive d'un poison introduit sous une forme déguisée dans un organisme, qui n'y peut demeurer et finit par sortir violemment et apparaître au jour. Cette *nécessité morale si inconditionnelle* finit en effet après coup par poser en postulat une condition à elle nécessaire, et même une condition multiple : à savoir une récompense, puis l'immortalité de l'être à récompenser, enfin un distributeur des récompenses. Et il le fallait bien, du moment qu'on faisait de la nécessité morale et du devoir la notion fondamentale de l'éthique : car ce sont là des notions rela-

1. « For since it would be utterly in vain, to suppose a rule set to the free actions of man, without annexing to it some enforcement of good and evil to determine his will ; we must, wherever we suppose a law, suppose also some reward or punishment annexed to that law. » (*On Understanding*, etc.)

tives par essence, et qui tirent toute leur signification de la menace d'un châtiment ou de la promesse d'une récompense. Cette récompense, on finit par la postuler au profit de la vertu, qui se trouve ainsi avoir simplement fait semblant de travailler sans espoir de salaire : mais, par convenance, elle est cachée, comme sous un voile, sous ce nom, du *souverain bien*, de ce bien qui consiste dans la réunion de la vertu avec le bonheur. Au fond, toute cette morale n'aboutit qu'à la recherche du bonheur : elle se fonde sur l'intérêt ; elle est cet Eudémonisme même, que d'abord Kant, le trouvant *hétéronome*, a éconduit solennellement, par la grande porte, hors de son système ; maintenant, caché sous le nom du *souverain bien*, par la petite porte, il s'y glisse de nouveau. C'est la vengeance de la logique contre cette notion qui se contredit elle même, et que l'auteur avait admise, d'une *nécessité morale inconditionnelle, absolue*. Or, certes, de son côté, la nécessité morale *conditionnelle* ne saurait être une notion digne qu'on y assoie la morale ; car tout ce qui se fait par égard pour une récompense ou pour une peine, est de toute évidence un acte égoïste, et sans nulle valeur morale. — D'où il suit clairement, que l'éthique a besoin d'être comprise avec plus de grandeur et d'indépendance, si l'on veut sérieusement expliquer d'une manière solide la valeur de l'activité humaine, valeur qui dépasse le monde des phénomènes, valeur éternelle.

Ainsi toute *nécessité morale* est soumise inévitablement à une condition : il en est de même de tout *devoir*. Les deux notions d'ailleurs sont fort proches parentes, et quasi identiques. L'unique différence viendrait peut-être de ce que la *nécessité morale en général* pourrait s'appuyer sur la simple force, tandis que le *devoir* suppose l'obligation, c'est-à-dire l'acceptation du devoir : c'est là le rapport qui existe entre le maître et le serviteur, le supérieur et le subordonné, le gouvernement et les sujets. Comme nul n'accepte un devoir sans salaire, tout devoir crée un droit. L'esclave n'a pas de devoir, parce qu'il n'a pas de droit ; mais il y a pour lui une nécessité morale, qui a pour principe la force toute pure. Plus loin je ferai voir à quoi se réduit la signification du mot devoir dans l'éthique.

Cette prétention de mettre l'éthique sous une forme *impérative*, d'en faire une *théorie des devoirs*, cette façon de juger de la valeur morale ou de l'indignité des actions humaines en y voyant l'accomplissement ou la violation d'un *devoir*, naît, comme l'idée de la *nécessité morale*, de la seule éthique des théologiens et par conséquent du Décalogue : voilà qui n'est pas niable. Ainsi, toutes ces idées reposent essentiellement sur cette hypothèse, que l'homme dépend d'une volonté étrangère, qui lui commande, et qui édicte des châtiments et des récompenses : on ne saurait les séparer de cette base. Or, plus une telle hypothèse a une place naturelle en théologie, moins il est permis de la transporter sans en rien dire, sans plus de formes, dans la morale philosophique. Mais l'on ne doit pas non plus commencer par admettre que chez cette dernière, la *forme impérative*, la prétention d'édicter des commandements, des lois et des devoirs, se comprenne d'elle-même et lui soit essentielle ; et quant à remplacer la condition extérieure qui est l'accompagnement nécessaire et naturel de ces notions, par le mot « absolu » ou bien « catégorique », c'est un pur expédient : je l'ai dit déjà, ce qui en résulte est une *contradictio in adjecto*.

Ainsi Kant avait commencé par emprunter sans en rien dire, en cachette, cette *forme impérative* de l'éthique à la morale des théologiens : les principes de cette morale, c'est-à-dire, la théologie, étaient la raison d'être de cette forme, et lui prêtaient tout ce qu'elle avait de sens et de valeur : ils en étaient donc inséparables ; bien plus, ils y étaient contenus implicitement : dès lors, Kant eut beau jeu, quand il s'agit, à la fin de son exposé, de faire sortir de sa morale une théologie, la fameuse théologie morale. Il n'eut qu'à reprendre ces notions, qui, implicitement affirmées avec la *nécessité morale*, étaient le fondement caché de son éthique, à les reproduire expressément, et à les présenter comme autant de postulats de la Raison pratique. Ainsi parut, pour la grande édification du monde, une théologie, qui reposait purement sur la morale, qui même en était sortie. La raison en était simple : cette morale elle-même repose sur des hypothèses théologiques dissimulées. Je ne voudrais pas faire de comparaisons satiriques, mais quant à l'apparence, le cas est assez semblable à celui du physicien adroit qui nous étonne, en nous faisant trouver un objet dans un endroit, où prudemment à l'avance il l'avait glissé. Voici, en termes abstraits, le procédé de Kant : il prit pour résultat ce dont il devait faire son principe ou son hypothèse (la théologie), et pour hypothèse, ce qu'il aurait dû trouver au bout de sa déduction et pour résultat (le commandement). L'édifice une fois placé ainsi sens dessus dessous, personne, pas même Kant, ne le reconnut plus pour ce qu'il était, pour la vieille morale, la morale bien connue, des théologiens. C'est à examiner l'exécution de ce tour de passe-passe que nous consacrerons nos paragraphes 6 et 7.

En tout cas, déjà avant Kant, bien souvent la morale, même chez les philosophes, avait été présentée sous la forme impérative d'une théorie des devoirs : seulement, cette morale, à son tour on lui donnait pour appui la volonté d'un Dieu dont l'existence était démontrée d'ailleurs : on n'était point inconséquent. Mais quand on imagine, à la façon de Kant, de fonder la morale tout autrement, de l'établir sans aucune hypothèse métaphysique, alors on n'a plus le droit de lui conférer en principe cette forme impérative, de poser d'abord ce « tu dois » et ce « voici ton devoir », sans déduire d'ailleurs toutes ces affirmations.

§ 5. — *Des prétendus devoirs envers nous-mêmes, examinés en particulier.*

Cette forme que prend la morale, quand on en fait une théorie des devoirs, et qui charmait tant Kant, il l'a respectée, quand il s'est agi, pour lui comme pour ses prédécesseurs, de poser, outre nos devoirs envers autrui, des devoirs envers nous-mêmes. C'est là une prétention que je rejette absolument : et comme l'endroit me paraît convenable, pour le bon ordre de mon exposition, je vais, en manière de disgression, m'en expliquer ici.

Si nous avons des devoirs envers nous-mêmes, ce sont, comme toute espèce de devoirs, des devoirs de justice ou des devoirs de charité. Quant à des devoirs de justice envers nous-mêmes, l'hypothèse est absurde, en vertu du principe évident par soi : *Volenti non fit injuria* (1). En effet, ce que je fais ne manque jamais d'être ce à quoi je consens ; donc ce qui m'arrive par mon fait a toujours mon consentement, et n'est jamais une injustice. Et pour ce qui est des devoirs de charité envers nous-mêmes, ici la morale arrive *trop tard*, elle trouvera l'ouvrage tout fait d'avance. Manquer au devoir de s'aimer soi-même, c'est ce qui est impossible: la morale du Christ le fait bien entendre, quand elle nous dit : « Aime ton prochain comme toi-même. » Ici, l'amour de chacun pour soi est considéré comme un *maximum*, comme la condition de toute autre affection. Mais il n'est pas dit ensuite : « Aime-toi toi-même comme ton prochain ; » car chacun sent bien que ce serait demander trop peu, et ce devoir nous offrirait le seul cas où un *opus supererogationis* (2) fût inscrit à l'ordre du jour. Kant lui-même le dit, dans ses *Éléments métaphysiques de la doctrine de la vertu*, p. 13 (R. 230) : « Ce que chacun veut de lui-même et inévitablement, ne rentre pas dans la notion du devoir. » Cette idée de devoirs que nous aurions envers nous-mêmes n'en est pas moins respectueusement conservée : même, en général, elle jouit d'une faveur à part ; et il ne faut pas s'en étonner. Mais elle a des effets fort amusants : ainsi, quand on voit les gens se mettre à prendre souci de leur propre personne, et discourir d'un ton fort sérieux sur le devoir de se conserver soi-même : car, chacun le voit assez, la peur suffit déjà à nous donner des jambes, sans qu'il soit nécessaire de lui adjoindre encore un ordre du devoir.

1. « Contre qui consent, pas d'injustice. » (TR.)
2. « Travail surérogatoire. » (TR.)

Ce qu'on entend communément par ces devoirs envers nous-mêmes, c'est d'abord un raisonnement tout inspiré de préjugés, et fondé sur les idées les plus superficielles, contre le *suicide*. Seul, et différent en cela de la bête, l'homme n'est point exposé aux douleurs *physiques* seulement, à ces douleurs tout enfermées dans le présent : il est encore livré en proie à des douleurs incomparables, dont la nature est de déborder sur l'avenir et sur le passé, aux douleurs *morales*; aussi, en compensation, la Nature lui a accordé ce privilège, de pouvoir, alors qu'elle-même n'impose pas encore un terme à sa vie, la terminer à son gré; et ainsi de ne pas vivre, comme la bête, aussi longtemps qu'il *peut*, mais aussi longtemps qu'il *veut*. Maintenant ce privilège, doit-il, en vertu de certaines raisons de morale, y renoncer ? c'est là une question difficile; et en tout cas, ce n'est pas avec les arguments superficiels d'usage en cette matière qu'on peut en décider. Même les raisonnements contre le suicide, que n'a pas dédaigné d'offrir Kant (p. 53, R. 48; et p. 67, R. 57), je ne peux en bonne conscience les traiter autrement que de pauvretés, indignes qu'on y réponde. Il n'y a qu'à rire, s'il se trouve un homme pour imaginer qu'à un Caton, à une Cléopâtre, à un Cocceius Nerva (1), (Tacite, Ann. VI. 26), à une Arria, femme de Pœtus (Pline, Ep. III. 16) des réflexions de cette force auraient dû arracher le poignard des mains. S'il existe des raisons vraiment morales contre le suicide, en tout cas, il faudrait les aller chercher à une profondeur où n'arrive par la sonde de la morale vulgaire; elles se révèlent uniquement à une pensée placée bien au-dessus du point de vue où nous sommes dans cet essai (2).

Ce point réservé, ce qu'on a coutume de comprendre sous cette rubrique, des devoirs envers soi-même, ce sont d'une part des

1. Jurisconsulte éminent, favori de Tibère qu'il accompagna à Caprée; se laissa mourir de faim, malgré les instances de son maître, soit par dégoût des infamies auxquelles il assistait, soit pour devancer le sort auquel il se savait voué. (TR.)

2. Ces raisons se tirent de la morale ascétique : on peut les trouver dans le 4° livre de mon ouvrage capital, vol. I, § 69.

conseils de prudence, d'autre part des préceptes d'hygiène : pas plus les uns que les autres ne rentrent dans la morale proprement dite. Enfin, on y range encore l'interdiction de la jouissance contre nature, c'est-à-dire, de l'onanisme, de la pédérastie et de la bestialité. Pour commencer par l'onanisme, c'est là surtout un péché de jeunesse, et de lutter contre, c'est plutôt l'affaire de l'hygiène que de la morale ; aussi voit-on que les livres destinés à le combattre sont faits par des médecins (ainsi Tissot et d'autres), non par des moralistes. Ici, une fois que l'hygiène et le bon régime ont fait leur œuvre, et foudroyé le vice avec des raisons inattaquables, si la morale veut à son tour s'en mêler, elle risque de trouver l'ouvrage fait, et si bien qu'il ne reste plus rien pour elle. — Quant à la bestialité, c'est là un vice très-anormal, qui se rencontre fort rarement, qui en outre contredit et révolte la nature humaine, assez profondément pour paraître de lui-même condamné et repoussant, plus que ne pourraient le faire paraître tous les arguments de la raison. D'ailleurs, comme il dégrade la nature humaine, il constitue un péché contre l'espèce considérée en elle-même et abstraitement, non pas un péché contre tel ou tel homme. — Donc des trois vices contre la nature dont il s'agit ici, seule la pédérastie tombe sous le coup de la morale : or elle trouvera tout naturellement sa place, quand on traitera de la justice : car c'est la justice qu'elle attaque, et ici l'axiome *volenti non fit injuria* ne trouve point à s'appliquer : il y a injustice en ceci, que le plus jeune, le plus inexpérimenté des deux coupables a été séduit, corrompu au physique et au moral.

§ 6. — *Du Fondement de la morale dans Kant.*

Sous cette prétention, de donner à la morale une *forme impérative*, on a vu, par notre paragraphe 4, qu'il se cachait une pétition de principe : or à cette prétention se rattache directement une idée favorite de Kant, qu'on peut bien excuser, mais non pas recevoir. — Tout le monde a connu de ces médecins qui, pour avoir une fois obtenu d'un certain remède le plus heureux succès, l'ordonnent quasi dans toutes les maladies : eh bien ! voilà Kant, à mon avis. Par la distinction qu'il a faite entre l'*a priori* et l'*a posteriori* dans la connaissance humaine, il est arrivé à la plus éclatante, à la plus féconde découverte, dont puisse se glorifier la métaphysique. Rien d'étonnant à ce qu'il essaie d'appliquer cette méthode et cette distinction partout. Dès lors, il faudra que la morale aussi soit composée de deux éléments, l'un pur, c'est-à-dire connu *a priori*, l'autre empirique. Là-dessus, cherchant un fondement à son éthique, il écarte le second élément, le déclare inadmissible à cette fonction. Quant au premier, il s'agit de le mettre au jour et de l'isoler : c'est l'objet du *Fondement de la métaphysique des mœurs* Cette science sera donc purement *a priori*, dans le sens où le sont aussi ses *Éléments métaphysiques de la physique*. Ainsi, sans autre déduction ni démonstration, comme auparavant quand il s'est agi de cette *loi morale* dont l'existence a été admise d'avance, cet élément devra être connu *a priori*, indépendant de toute *expérience* intérieure ou extérieure : « *il sera constitué uniquement par des concepts de la raison pure ;* il sera *un jugement synthétique a priori.* » (*Critique de la raison pratique*, 4e édit., p. 56 ; R. 142.) D'où il suit assez directement, que ce même élément devra être une simple *forme*, comme tout ce qui est connu *a priori*, qu'il se rapportera donc à la seule forme, non au *contenu* des actions. — Tâchez de comprendre ! — Il ajoute expressément (Préface du *Fondement*, p. VI ; R. 5) que cet élément, il « ne faut pas le chercher dans la nature de l'homme, dans le subjectif, ni dans son entourage extérieur, dans l'objectif » ; et encore (*ibid.*, p. VII ; R. 6) qu'ici « il ne s'agit pas de rien tirer par déduction de notre connaissance de l'homme, de l'Anthropologie. » Il y revient encore (p. 59 ; R. 52) : « Il ne faudrait pas se laisser aller à cette pensée, qu'on doit pour établir la réalité du principe moral, le déduire de la constitution particulière de la nature humaine. » De même (p. 60 ; R. 52) : « Rien de ce qui se déduit de quelque disposition naturelle propre à l'homme, de tels ou tels sentiments et besoins, même, s'il se peut, de quelque tendance particulière, propre à la nature humaine, et qui ne fût pas nécessairement valable *pour tout être raisonnable* », rien de pareil ne peut servir de fondement à la loi morale. Preuve incontestable que pour lui, sa prétendue loi morale *n'est pas un fait de conscience*, une réalité qui se démontre par l'expérience ; c'est seulement nos philosophailleurs contemporains qui ont essayé, l'un après l'autre, de la faire passer pour telle. S'il rejette l'expérience intérieure, il met plus de force encore à repousser l'expérience extérieure : il refuse absolument de faire reposer la morale sur rien d'empirique. Ainsi donc, qu'on veuille bien le remarquer, ce n'est pas sur un *fait* démontrable *de conscience* qu'il fonde le principe de sa morale, il ne lui cherche pas une base au dedans de nous ; ni sur quelque rapport réel des choses extérieures entre elles. Non ! ce serait l'appuyer sur l'empirique. Mais des *concepts purs a priori*, des concepts qui ne contiennent rien, rien d'emprunté à l'expérience interne ou externe, voilà les points d'appui de la morale. Des coquilles sans noyau. Qu'on pèse bien le sens de ces mots : c'est la conscience humaine et à la fois le monde extérieur tout entier, avec tous les objets d'expérience, tous les faits y contenus, qu'on enlève de dessous nos pieds. Nous n'avons plus rien sur quoi poser. A quoi donc nous rattacher ? A une paire de concepts tout abstraits, et parfaitement vides, et qui planent comme nous dans l'air. C'est d'eux, que dis-je ? c'est de la simple forme de la liaison qui les unit en des jugements, que doit sortir une loi, qui s'imposera avec une *nécessité absolue*, comme on dit, et qui devra avoir la force d'arrêter l'élan des désirs, le tourbillon des passions, et cette force gigantesque, l'égoïsme : elle leur mettra la bride et le mors. La chose est à voir !

Après la thèse dont je viens de parler, que la base de la morale doit à tout prix être *a priori* et pure de tout élément empirique, vient une autre idée chère à Kant, et qui tient de près à la précédente. C'est que le principe de morale qu'il s'agit d'établir, devant être *un jugement synthétique a priori*, et ainsi venir uniquement de la *pure raison*, doit aussi par suite être valable, non pour l'*homme seulement*, mais pour *tous les êtres raisonnables possibles* : « S'il s'applique à l'homme, c'est grâce à ce que l'homme en est un, c'est donc secondairement et *per accidens*. Par là, il ne repose plus que sur la raison *pure*, laquelle connaît deux choses : elle-même, et le principe de contradiction, sans plus ; il n'a rien à voir avec aucun sentiment. La raison pure n'est donc pas prise ici comme une faculté intellectuelle de l'homme, — et pourtant elle n'est rien de plus, — mais elle est élevée au rang de *chose qui subsiste par soi, d'hypostase* : le tout, sans preuve ; exemple pernicieux s'il en fut : la période misérable que traverse aujourd'hui la philosophie le prouve assez. Cette façon de se représenter la morale, de se la figurer comme bonne non pas pour l'homme en tant qu'homme, mais pour *tout être raisonnable* en tant qu'il est raisonnable, n'en plaisait pas moins à Kant, et ne lui semblait pas moins capitale : à ce point, qu'il ne se lasse pas d'y revenir en toute occasion. Voici ma réponse : nul n'a qualité pour concevoir un genre, qui ne nous est connu que par une espèce donnée ; dans l'idée de ce genre, on ne saurait en effet rien mettre qui ne fût emprunté de cette *unique* espèce ; ce qu'on dirait du genre ne devrait donc encore s'entendre que de l'espèce *unique* ; et comme d'autre part, pour constituer ce genre, on aurait enlevé à l'espèce, sans raison suffisante, certains de ses attributs, qui sait si l'on n'aurait pas supprimé ainsi justement la condition même sans laquelle ne sont plus possibles les qualités restantes, celles dont on a fait, en les élevant à l'état d'hypostase, le genre lui-même. L'*intelligence en général*, par exemple, ne nous est connue que comme une propriété des êtres animés ; nous n'avons donc pas le droit de la regarder comme existant en dehors et indépendamment de la nature animale : et de même pour la raison : nous ne la connaissons qu'à l'état d'attribut et dans l'espèce humaine ; nous n'avons pas de motif dès lors de l'imaginer hors de cette espèce, ni de concevoir un genre formé des « êtres raisonnables », distinct de son unique espèce « l'homme » : bien moins encore d'établir des lois pour cet *être raisonnable* imaginaire, considéré abstraitement. Parler de l'être raisonnable en dehors de l'homme, c'est comme si l'on parlait d'*êtres pesants* en dehors des corps. On ne peut s'empêcher de soupçonner, qu'ici Kant n'ait un peu songé aux bons anges, ou du moins qu'il n'ait compté sur leur concours pour l'aider à persuader le lecteur. En tout cas, ce qu'on trouve au fond de tout cela, c'est l'hypothèse sous-entendue de l'*âme raisonnable*, qui, distinguée qu'elle est de l'*âme sensitive* et de l'*âme végétative*, subsiste après la mort, et dès lors n'est plus rien que raisonnable. Or toutes ces hypostases transcendantes, Kant lui-même y a coupé court en termes formels et exprès dans la *Critique de la raison pure*. Et néanmoins, dans la morale de Kant et surtout dans sa *Critique de la raison pratique*, on sent sous soi, comme dans un double-fonds, à l'état flottant, cette pensée, que l'essence intime et éternelle de l'homme, c'est la *raison*. Comme ici la question ne se présente qu'en passant, je dois me borner à affirmer purement la thèse contraire : que la raison, considérée en général et comme faculté intellectuelle, n'est rien que de secondaire, qu'elle fait partie de la portion phénoménale en nous, qu'elle est même subordonnée à l'organisme ; tandis que le centre vrai dans l'homme, le seul élément métaphysique et indestructible, c'est *la volonté*.

Ainsi Kant, voyant le succès qu'avait eu sa méthode dans la philosophie théorique, et s'étant mis à la transporter dans la philosophie pratique, a voulu là aussi séparer la connaissance pure *a priori*, de la connaissance empirique *a posteriori* : il a donc admis que, semblable en cela aux lois de l'espace, du temps et de la causalité, qui nous sont connues *a priori*, la règle morale de nos actions doit nous être donnée pareillement, ou du moins d'une façon analogue, avant toute expérience, et qu'elle s'exprime sous la forme d'un impératif catégorique, d'un « il faut » absolu. Mais quelle différence entre les deux cas ! D'un côté, ces notions théoriques *a priori*, qui au fond expriment simplement les formes, autrement dit les fonctions de notre intelligence; grâce auxquelles seules il nous est possible de construire un monde objectif; hors desquelles ce monde ne peut être représenté, ce qui fait que ces formes imposent à ce monde des lois absolues, et que l'expérience, en tous les cas possibles, *doit* s'y soumettre, aussi nécessairement que, si je regarde à travers un verre bleu, tout doit s'offrir à moi avec la couleur bleue; — et de l'autre, cette prétendue loi morale *a priori*, à laquelle chaque expérience donne un démenti, à ce point qu'on peut douter, c'est Kant qui le dit, si jamais, en un seul cas, la réalité connue par l'expérience s'y est vraiment soumise. Voilà les choses dissemblables que l'on réunit ici sous le nom de l'*a priori*! En outre Kant oubliait une chose : c'est que selon sa propre doctrine, exposée dans sa propre philosophie théorique, le caractère *a priori* même des susdites notions, leur indépendance à l'égard de l'expérience, limitait leur portée au *phénomène* seul, à la représentation des choses telle qu'elle se fait dans notre tête; que par là même ces notions ne s'appliquaient en rien à la *substance* même des choses, *prise en soi*, à ce qui existe réellement et en dehors de notre façon de voir. Pour être conséquent, il devait pareillement, dans sa philosophie pratique, puisque sa prétendue loi morale naît *a priori* dans notre tête, en faire une simple forme du *phénomène*, sans pouvoir sur la substance même des choses. Mais cette conclusion eût été en contradiction flagrante et avec la réalité, et avec l'idée que s'en faisait Kant lui-même : car il ne cesse (ainsi dans la *Critique de la Raison pratique*, p. 175; R. 228) de mettre la plus étroite liaison entre *ce qu'il y a en nous de moral* et la véritable *substance* des choses *en soi* : bien plus par l'acte moral, nous agissons directement, selon lui, sur cette substance. Même dans la *Critique de la Raison pure*, partout où cette mystérieuse *chose en soi* apparaît en un jour moins obscur, on peut deviner qu'elle est l'élément *moral* en nous, la *volonté*. — Mais ce sont là choses dont Kant se soucie peu.

J'ai fait voir au § 4, comment Kant avait admis la *forme im-*

pérative de la morale, et par suite les idées de nécessité morale, de loi et de devoir, sans plus d'explication, étant allé emprunter le tout à la morale des théologiens ; et comment au même moment il lui fallait leur laisser le principe sans lequel tout cela n'a ni force ni sens. Quand ensuite il cherche un point d'appui pour ces idées, il va jusqu'à demander que le *concept du devoir* soit aussi le *principe de l'accomplissement* du devoir, qu'il soit ce qui oblige. Une action, d'après lui (p. 11 ; R. 18), pour avoir une valeur morale authentique, doit être faite par devoir, et uniquement à cause du devoir, sans aucun penchant naturel qui porte l'agent à l'action. Ce qui donne au caractère de l'agent une valeur, c'est d'arriver, sans aucune sympathie dans le cœur, restant froid, indifférent en face des souffrances d'autrui, *sans que la nature l'ait en rien disposé particulièrement à la charité*, à cause seulement d'un devoir fâcheux d'ailleurs, à répandre les bienfaits. Théorie qui révolte le vrai sens moral. Apothéose de l'insensibilité, bien opposée à la doctrine chrétienne des mœurs, qui au-dessus de tout met l'amour, et sans lui ne trouve de prix à rien (1re aux Corinth. 13, 3). Idée de pédant sans délicatesse qui moralise : Schiller s'en est moqué dans deux épigrammes intitulées : Scrupule de conscience et Décision (1). Ce qui l'a surtout inspiré, ce sont vraisemblablement quelques passages de la *Critique de la Raison pure* qui se rapportent bien à la question : ainsi p. 150, R. 211 : « L'état d'esprit où l'homme doit se placer pour obéir à la loi morale, consiste à lui obéir par *devoir*, non par une *inclination libre* ni par un élan qui ne serait pas *commandé*, mais tout spontané. » — Il faut que l'acte soit *commandé* ! Morale d'es-

1. *Scrupule de Conscience.*

Je sers volontiers mes amis, mais, hélas ! je le fais avec inclination, et ainsi, j'ai souvent un remords de n'être pas vertueux.

Décision.

Tu n'as qu'une chose à faire : il faut tâcher de mépriser cette inclination, et faire alors avec répugnance ce que t'ordonne le devoir.

(*Schiller*. Les philosophes.) (TR.)

claves ! De même, p. 213, R. 257, je lis : « Le sentiment même de la pitié et de la compassion tendre est à charge à l'homme bien intentionné (1), parce qu'il vient troubler l'action de ses sereines maximes ; aussi lui fait-il souhaiter d'y échapper, pour n'être plus soumis qu'à cette législatrice, la Raison. » Pour moi, j'ose dire que le bienfaiteur dont il nous a fait plus haut le portrait (p. 11, R. 18), cet homme sans cœur, impassible en face des misères d'autrui, ce qui lui ouvre la main, si encore il n'a pas d'arrière-pensée, c'est une peur servile de quelque dieu : et qu'il appelle son fétiche « Impératif catégorique », ou Fitzliputzli (2), il n'importe. Car qu'est-ce donc qui pourrait toucher ce cœur dur, si ce n'était la peur ?

Conformément aux mêmes idées, nous apprenons par la p. 13, R. 18, que la valeur morale d'un acte ne dépend pas de l'intention de l'auteur, mais bien de la maxime dont il s'est inspiré. Et moi, je dis, et je vous prie d'y réfléchir, que l'intention seule décide de la valeur morale, positive ou négative, d'un acte donné ; si bien qu'un même acte, selon l'intention de l'agent, peut être ou coupable ou louable. Et voilà pourquoi, lors qu'entre hommes on discute de quelque action moralement importante, chacun recherche l'intention, et juge là-dessus, simplement. Et d'autre part, c'est son intention seulement que l'agent invoque, pour se justifier quand il se voit mal compris, ou pour s'excuser quand son action a eu quelque conséquence fâcheuse.

A la p. 14, R. 20, nous trouvons enfin la définition de l'idée sur laquelle repose toute la morale de Kant, l'idée du *devoir* : c'est « *la nécessité d'une action, quand cette nécessité se tire du respect dû à la loi* ». — Mais ce qui est nécessaire arrive et a lieu inévitablement ; au contraire, les actions exigées par le pur de-

1. Ici le texte de Kant porte ces mots, que Schopenhauer passe : « ... Quand il intervient avant l'examen de cette question : où est le « devoir ? et qu'il est le principe de la détermination qu'on prend » « *wenn es vor der Ueberlegung, was Pflicht sei, vorhergeht, und Bestimmungsgrund wird.* » (TR.)

2. Plus exactement Huitzilopochtli : c'est un dieu mexicain.

voir manquent plus que très souvent d'arriver. Kant d'ailleurs a bien vu lui-même, p. 25, R. 28, qu'on n'a *pas un seul exemple authentique* d'une résolution inspirée par le seul devoir ; et p. 26, R. 29, « il est impossible, dit-il, de découvrir, en consultant notre expérience, *un seul cas* bien certifié, où une action conforme au devoir ait eu pour principe unique la pensée du devoir. » De même, p. 28, R. 30 et 49, R. 50. En quel sens donc peut-on attribuer à une telle action un caractère *nécessaire* ? Il convient de donner toujours aux paroles d'un auteur le sens le plus favorable : nous voulons donc bien l'admettre, sa pensée au fond, est qu'une action conforme au devoir est nécessaire *objectivement,* mais accidentelle subjectivement. La chose est vite dite ; reste à se comprendre. Où donc est l'*objet* de cette nécessité *objective,* dont les effets le plus souvent, peut-être toujours, sont nuls dans la réalité ? Avec toute ma bonne volonté à interpréter Kant, je ne puis m'empêcher de le dire, cette expression qui est dans la définition, « la nécessité d'une action », est tout simplement une périphrase habilement déguisée, très-contournée, pour remplacer le mot : *Il faut.* Et la chose saute aux yeux, quand on remarque, dans la même définition, le mot *respect,* employé là où on attendrait *soumission.* Ainsi dans la remarque, p. 16, R. 20, on lit : « Le *respect* signifie simplement la subordination de ma volonté à l'égard d'une loi. La détermination directe produite par la loi, accompagnée de conscience, se nomme *respect.* » En quelle langue ? Ce qu'on nous décrit là, s'appelle en bon allemand soumission. Mais le mot respect ne saurait avoir été mis là, si mal à propos, à la place du mot soumission, sans quelque cause ; il y a là-dessous quelque intention, et cette intention évidemment, la voici : c'est de dissimuler l'origine de la forme impérative et de la notion de devoir, et comment elles naissent de la morale théologique. C'est ainsi, nous l'avons vu, que l'expression : nécessité d'une action, a été choisie pour tenir lieu du : il faut, uniquement parce que ce dernier est le mot du Décalogue. La définition ci-dessus, que « le devoir est la nécessité d'une action, quand cette nécessité résulte du respect de la loi, » si on la mettait en un langage direct et sans sous-entendu, si on levait le masque, deviendrait : « Le devoir signifie, une action qui nécessairement doit arriver par soumission envers une loi. » — Voilà le « dessous des cartes. » (1).

Et maintenant, la loi, cette pierre fondamentale de l'éthique de Kant ! *Quelle en est la teneur? Où est-elle écrite?* Question capitale. Je remarque ceci d'abord : le problème est double : il s'agit du *fondement* de l'éthique, et de son *principe*. Deux choses bien différentes. Il est vrai que le plus souvent, et parfois non sans dessein, on les a confondues.

On appelle *principe* ou proposition première d'une morale, l'expression la plus brève et la plus précise pour signifier la conduite qu'elle prescrit, ou, si elle n'a pas la forme impérative, la conduite qu'elle regarde comme ayant par elle-même une valeur morale. C'est donc une proposition qui renferme la formule de la vertu en général, le ὅ,τι de la vertu (2). — Quant au *fondement* d'une morale, c'est le διότι de la vertu, la raison de l'obligation, du commandement, de la louange : d'ailleurs, qu'on aille chercher, cette raison dans la nature de l'homme, ou dans des relations extérieures, ou ailleurs, il n'importe. En Éthique comme en toute autre science, on devrait distinguer nettement le ὅ,τι du διότι. Mais la plupart des moralistes effacent tout exprès cette distinction : c'est qu'il est si aisé d'expliquer le ὅ,τι et si prodigieusement difficile d'expliquer le διότι ! Sans doute voilà ce qui les pousse. Ils espèrent dissimuler le côté par où ils sont pauvres à l'aide de leur richesse partielle : ils uniront en une même proposition richesse et pauvreté, et feront une heureuse union entre Πενία et Πόρος (3). A cet effet, d'ordinaire, au lieu d'exprimer le

1. « Des Pudels Kern », mot à mot, le noyau du tour de passe passe. (TR.)

2. ὅ,τι, ce que c'est que... ; διότι, le pourquoi de... (TR.)

3. Allusion à un mythe du *Banquet*, où Platon fait naître le monde de l'union de Πενία (la Pauvreté) avec Πόρος (le Riche), au milieu

ὅ,τι, cette chose bien connue de tous, en toute simplicité, on le fait entrer dans quelque formule artificielle, d'où on ne peut le tirer ensuite qu'en manière de conclusion résultant de prémisses données. Là-dessus le lecteur peut se figurer qu'il n'a pas affaire à la chose elle-même sans plus, mais qu'il a atteint le principe de cette chose. C'est ce qu'il est facile de vérifier pour les principes des éthiques les plus connues. Or, pour ma part, je n'ai pas dessein dans la suite de faire de pareils tours; mon procédé sera loyal; je n'essaierai pas de faire servir le principe de l'éthique en guise de fondement de l'éthique, mais bien plutôt de les séparer nettement. C'est pourquoi ce ὅ,τι, ce principe, cette proposition première, sur la teneur de laquelle au fond tous les moralistes sont d'accord, en dépit des formes si variées qu'ils lui imposent, je veux ici la ramener à une expression, la plus simple à mon sens et la plus pure : « Neminem læde, imo omnes, quantum potes, juva (1). » Voilà, en réalité, le principe que tous les théoriciens des mœurs travaillent à *fonder*, voilà le résultat commun où aboutissent leurs déductions si diverses. C'est là le ὅ,τι, dont on cherche encore le διότι, la conséquence dont on cherche la raison, enfin la *donnée* première, à laquelle se rapporte la *question*, dans ce problème que se pose toute éthique, comme aussi dans celui qui nous est proposé. Résoudre ce problème, ce serait découvrir le *fondement* vrai de l'éthique, cette pierre philosophale qu'on cherche depuis des milliers d'années. Or cette donnée, ce ὅ,τι, ce principe, ne peut s'exprimer plus purement que par la formule ci-dessus : on le voit assez par ce fait qu'en face de tous les autres principes de morale, elle joue le rôle d'une conclusion devant ses prémisses : elle est donc le but où tend chacun, et tout autre principe n'est en réalité qu'une paraphrase,

d'un banquet des Dieux ; signifiant par là que Dieu par pure richesse de cœur, a fécondé la matière, identique au néant, et ainsi a créé tout. (TR.)

1. « Ne fais de mal à personne ; aide plutôt chacun selon ton pouvoir. » (TR.)

une expression détournée ou ornée, de cette proposition simple. Tel est ce principe trivial et qui passe pour être simple s'il en fut; « Quod tibi fieri non vis, alteri ne feceris » (1); principe incomplet, car il comprend les devoirs de justice, non ceux de charité; mais il est aisé d'y remédier, en répétant la formule, et supprimant la seconde fois le *ne* et le *non*. Cela fait, elle arrivera à signifier: « Neminem læde, imo omnes, quantum potes, juva »: seulement elle nous contraint à un détour, et par suite elle se donne l'air de nous fournir le principe réel, le διότι de ce précepte: au fond, il n'en est rien: de ce que je ne veux pas que telle chose me soit faite, il ne suit nullement que je ne doive pas la faire à autrui. On en peut dire autant de tous les principes, de tous les axiomes premiers de morale proposés jusqu'à ce jour.

Maintenant revenons à notre question: quelle est la teneur de la *loi*, dont l'exécution se nomme, selon Kant, le devoir; et sur quoi se fonde-t-elle? — Kant, nous allons le voir, a, lui aussi, rattaché ensemble par un lien fort étroit et fort artificiel, le principe avec le fondement de la morale. Qu'on se souvienne ici de cette prétention de Kant, dont il a été déjà question en commençant: de réduire le principe de la morale à quelque chose d'*a priori* et de purement formel, à un jugement synthétique *a priori*, sans contenu materiel aucun, sans aucun fondement ni dans la réalité objective du monde extérieur, ni dans la réalité subjective de la conscience, comme serait un sentiment, une inclination, un besoin. Kant sentait bien la difficulté du problème: il dit p. 60, R. 53: « Ici, nous voyons le philosophe dans l'embarras: il lui faut trouver un point d'appui qui ne soit fondé sur rien de ce qui existe au ciel ou sur terre, et qui ne soit rattaché à rien. » Raison de plus pour que nous attendions avec impatience, la solution qu'il a lui-même donnée; pour que nous regardions avec diligence comment, de rien, va naître quelque chose: de rien, c'est-à-dire, de concepts

1. Hugo Grotius le rapporte à l'empereur Sévère. (Note de l'auteur.)— Traduction: « Ce que tu ne voudrais pas qu'on te fît, ne le fais pas à autrui. » (TR.)

purs *a priori*, vides de toute matière empirique, au sein desquels doit se former ce précipité, les lois de l'activité réelle de l'homme. Singulier phénomène, dont nous avons toutefois un symbole : c'est quand de trois gaz invisibles, azote, hydrogène, chlore, au milieu par conséquent d'un espace en apparence vide, sous nos yeux se produit un corps solide, l'ammoniaque. — Je vais exposer le procédé que suit Kant pour résoudre ce difficile problème : j'y mettrai plus de clarté qu'il n'a pu ou voulu y en mettre. L'entreprise est d'autant plus nécessaire qu'il est rare de voir bien interpréter Kant en ce point. Presque tous les Kantiens se sont persuadé à tort que, pour Kant, l'impératif catégorique était un fait de conscience reconnu immédiatement. A ce compte, l'impératif eût été fondé sur un fait d'anthropologie, d'expérience (intérieure, il n'importe), fondé par conséquent sur une base empirique ; rien de plus directement contraire à la pensée de Kant : c'est une idée qu'il a combattue à plus d'une reprise. Ainsi p. 48, R. 44 : « Ce n'est pas par l'expérience, dit-il, qu'on peut décider, s'il existe rien de pareil à un tel impératif catégorique. » De même p. 49, R. 45 : « L'impératif catégorique est-il possible ? c'est *a priori*, qu'il faut s'en enquérir. Car nous n'avons pas le bonheur de pouvoir apprendre de l'expérience, qu'il existe en fait. » Au contraire, déjà son premier disciple, Reinhold, a commis l'erreur en question ; dans ses «Contributions à un tableau d'ensemble de la philosophie au commencement du dix neuvième siècle,» 2e livraison, p. 21, il dit ceci : « Kant admet la loi morale comme un fait de certitude immédiate, comme un phénomène premier de la conscience morale. » Mais si Kant avait voulu, pour fonder l'impératif catégorique, en faire un fait de conscience, lui donner une base empirique, il n'eût pas manqué de le montrer sous cet aspect. Or c'est ce qu'il n'a fait nulle part. A ma connaissance, la première mention de l'impératif catégorique se trouve dans la *Critique de la Raison pure* (1re éd. p. 802 ; 5e éd. p. 830) : elle y arrive sans que rien l'ait annoncée, sans autre lien avec les idées précédentes qu'un « donc » qui n'a pas de raison d'être ; bref, à l'improviste. La première fois que l'impératif est introduit en forme, c'est dans l'ouvrage que nous étudions spécialement ici, *les Fondements de la Métaphysique des Mœurs ;* et alors c'est par la voie du pur *a priori* : il est déduit de certains concepts. Au contraire, dans l'écrit déjà cité, si important pour la philosophie critique, de Reinhold, à la 5e livraison, sous le titre *Formula concordiæ* du criticisme, on trouve cette proposition : « Nous distinguons la conscience morale d'avec l'expérience ; bien que la première ait avec celle-ci, dans notre sens intime, un lien, car elle est un fait primitif que le savoir ne peut dépasser ; et sous ce nom de conscience, nous entendons le *sens immédiat du devoir, de la nécessité* où nous sommes de prendre dans nos actions libres, pour inspiratrice et pour guide, la volonté légale. » — Sans doute, nous aurions là « un principe excellent, oui bien ! et n'importe ce qu'il renferme ». (Schiller). — Mais, pour parler sérieusement, quelle est cette effrontée pétition de principe à laquelle est ici accollée la loi morale de Kant ? Si Reinhold avait raison, certes l'éthique aurait une base d'une solidité incomparable, et il ne serait pas nécessaire de proposer des prix pour encourager les gens à la chercher; seulement, ce qui serait bien étonnant, c'est qu'on eût tant tardé à découvrir un pareil fait de conscience, alors que depuis des milliers d'années on cherche avec ardeur, avec soin, un fondement où établir la morale. Kant, il est vrai, a lui-même donné lieu à cette méprise : comment ? c'est ce que je ferai voir ci-après.

Malgré tout, on pourrait s'étonner de l'empire incontesté que cette erreur essentielle a pris sur l'esprit des Kantiens : mais, occupés qu'ils étaient à faire d'innombrables livres sur la philosophie de Kant, ils n'ont pas trouvé un instant pour remarquer la transformation que la *Critique de la Raison pure* a subie dans la seconde édition, et qui en a fait un ouvrage incohérent, plein de contradictions. C'est le fait qui a été mis en lumière pour la première fois, et analysé fort exactement, à mon avis, par Rosenkranz dans la préface au second volume des œuvres complètes de Kant. Qu'on y songe : plus d'un savant, avec ses incessantes leçons en chaire, avec tous ses écrits, n'a plus guère de temps pour des études profondes. Le proverbe : *docendo disco* (1), n'est pas vrai sans réserve ; parfois, on aurait droit de le parodier, et de dire: *semper docendo, nihil disco* (2) Et dans Diderot, le Neveu de Rameau n'a pas tout à fait tort : « Et ces maîtres, croyez-vous donc, qu'ils sauront les sciences dont ils donneront des leçons ? Chansons, cher Monsieur, chansons. S'ils possédaient ces choses assez pour les montrer, ils ne les montreraient pas. — Pourquoi donc ? — C'est qu'ils auraient passé leur vie à les étudier. » (Traduction par Goëthe, p. 104). — Lichtenberg dit aussi : « J'ai déjà fait cette remarque : bien souvent ce n'est pas les gens du métier qui le savent le mieux. » Mais, pour revenir à la morale Kantienne, parmi le public, la plupart ne regardent qu'au résultat : s'il est en harmonie avec leurs sentiments moraux, ils supposent aussitôt que la déduction en a été correcte ; et si elle paraît difficile, ils ne s'en embarrassent pas outre mesure : ils se remettent de cela aux gens « du métier ».

Ainsi le procédé de Kant pour fonder sa loi morale ne consiste pas à la reconnaître, empiriquement, pour un fait de conscience ; ni à faire appel au sentiment moral ; ni à se jeter dans une de ces pétitions de principe qu'on décore aujourd'hui du grand nom de « postulat absolu » ; il y a là un raisonnement fort subtil, qu'il refait à deux reprises, pp. 17 et 51, R. 22 et 46 : on voici un exposé, plus clair que l'original.

Kant avait, par mépris pour tous les mobiles empiriques de la volonté, écarté d'avance, et comme empirique, tout fondement pris soit dans l'objet soit dans le sujet, et où l'on eût pu établir une loi de la volonté : dès lors, il reste pour toute *matière* à cette loi, sa propre *forme*, sans plus. Cette forme, c'est ce qu'on nomme le caractère de la *légalité*. Celle-ci a pour toute essence, de s'appliquer à tous : elle revient donc à l'*universalité*. Et voilà toute la matière de la loi. Le contenu de la loi se réduit là : à l'*univer-*

1. « A enseigner, on apprend. » (TR.)
2. « A toujours enseigner, on n'apprend rien. » (TR.)

salité même de la loi. D'où cette formule : « N'agis que d'après des maximes, dont tu puisses aussi bien vouloir, qu'elles deviennent une loi générale de tous les êtres raisonnables. » — Voilà bien le procédé si connu, si à part, de Kant, pour fonder le principe de la morale : c'est là le fondement de toute son éthique. — Comparez encore la *Critique de la Raison pratique*, p. 61, R. 147, remarque, à la fin. — Certes Kant a mis à faire ce tour d'adresse une grande habileté, et je lui paie à ce titre mon tribut d'admiration : mais je poursuis mon examen, qui est sérieux, en me tenant à mon critérium, le vrai. Je remarquerai seulement, sauf à y revenir ensuite, que la raison, en tant qu'elle fait tout ce raisonnement particulier, et parce qu'elle le fait, prend le nom de *Raison pratique*. Or l'impératif catégorique de la raison pratique est la loi qu'on obtient comme résultat à la suite de toute cette opération intellectuelle : donc la Raison pratique n'est point, comme l'ont pensé la plupart des disciples, et déjà Fichte, une faculté propre, irréductible, une qualité occulte, une sorte d'instinct moral, pareil au *moral sense* de Hutcheson ; comme le dit Kant dès la préface p. XII, R. 8, et plus d'une fois ailleurs, elle ne fait qu'un avec la *Raison théorique* : c'est la même raison, mais considérée dans l'accomplissement de l'opération ci-dessus dite. Fichte par exemple appelle l'impératif catégorique un *Postulat absolu* (*Principes de toute la théorie de la science*, Tubingue, 1802 ; p. 240, note) : c'est la façon moderne, honnête de dire : pétition de principe ; comme il n'a pas cessé de prendre dans ce sens l'impératif catégoriquee, il est tombé dans l'erreur dont j'ai parlé.

En appuyant la morale sur un tel fondement, Kant s'expose sur-le-champ à une première objection : c'est que la loi morale ne saurait naître en nous de cette façon-là : il faudrait pour cela que l'homme, de lui-même, prît tout à coup l'idée de se mettre en quête d'une loi, pour y soumettre et y plier sa volonté. Mais c'est là ce que jamais il ne se mettra en tête de lui-même : tout au moins faudrait-il d'abord, pour lui en fournir l'occasion, pour donner le premier branle, une force morale différente, agissant d'une façon positive ; qui, étant réelle, se présenterait d'elle-même, et sans qu'on l'appelât, exercerait, imposerait son influence. Mais rien ne serait plus contraire à la pensée de Kant : suivant lui, c'est l'opération intellectuelle ci-dessus qui *seule* doit être la source de toutes les notions morales, le *punctum saliens* (1) de la moralité. Or tant que la condition ici posée ne sera point réalisée, et elle ne l'est pas puisque, par l'hypothèse, il n'existe pas de ressort moral, hormis la susdite opération intellectuelle ; tout aussi longtemps, l'unique règle de conduite des hommes sera l'égoïsme, lui-même dirigé par les lois du déterminisme intérieur ; ce sont, pour mieux dire, les motifs tels que l'occasion les produit, avec leur caractère empirique, égoïste, qui détermineront de moment en moment la conduite de l'homme, eux seuls, sans rivaux. Car dans l'hypothèse on ne voit aucune raison, aucune cause, qui puisse éveiller dans l'esprit de l'homme cette idée, de se demander s'il est une loi, propre à limiter sa volonté, et à exiger sa soumission ; bien moins encore, de chercher et rechercher cette loi : or ce serait la première condition, pour qu'il pût s'engager dans cette voie si détournée, et faire toutes les réflexions qu'on a dites. Et il n'importe ici, quel degré de clarté on attribuera à cette suite de méditations conçues par Kant ; en vain on en amortira la clarté, jusqu'à en faire une délibération accompagnée seulement d'une obscure conscience. Il n'y a pas d'accommodement ici, qui puisse détruire ces vérités : que de rien, il ne résulte rien, et qu'un effet veut une cause. Le ressort moral doit être, nécessairement, comme tout motif qui détermine la volonté, une force qui se révèle d'elle-même, qui dès lors agit réellement, donc qui est *réelle*. Or pour l'homme, cela seul est réel, qui est objet d'expérience, ou qui pourrait, à ce qu'on suppose, le devenir à l'occasion. Par suite, le ressort de la moralité doit en fait être un *objet d'expérience* ; en cette qualité, il doit se présenter

1. Point saillant. (TR.)

sans qu'on l'appelle, s'offrir à nous, puis ensuite, ne pas attendre nos questions, nous imposer d'abord son action, et une action assez puissante pour triompher, ou du moins pour être à même de triompher, des motifs qui lui feront obstacle, de cette force prodigieuse, l'égoïsme. Car la morale a affaire avec la conduite *réelle* de l'homme ; que lui font tous ces châteaux de cartes *a priori ?* que produit-on par là ? rien qui vaille, au milieu des travaux sérieux et des difficultés de la vie, un moment d'attention : aussi compter là-dessus contre le tourbillon des passions, c'est se servir d'une seringue contre un incendie. Je l'ai déjà dit en passant, Kant regardait comme un des grands mérites de sa loi morale, qu'elle reposât toute sur des concepts abstraits, purs, *a priori*, c'est-à-dire sur la *Raison pure :* par là, elle n'est pas valable pour les hommes seuls, mais pour tout être raisonnable. Nous en sommes aux regrets, mais des concepts purs, abstraits, *a priori*, sans contenu réel, qui ne s'appuient en rien sur l'expérience, ne sauraient mettre en mouvement le moins du monde *les hommes :* quant aux autres êtres raisonnables, je ne puis soutenir la conversation. Voilà donc le second vice de la base attribuée par Kant à la moralité : elle manque de toute substance réelle. C'est ce qu'on n'a pas encore remarqué ; et en voici sans doute la raison : c'est que vraisemblablement le fondement propre de la morale Kantienne, tel que je l'ai mis en lumière tout à l'heure, n'a été bien connu que de fort peu de gens, entre tous ceux qui l'ont célébré et mis en crédit. Ainsi, tel est bien ce second vice : un manque absolu de réalité, et par suite, d'efficacité. Cette base reste suspendue en l'air : c'est une vraie toile d'araignée, tissue des concepts les plus subtils, les moins substantiels, qui ne porte sur rien, où l'on ne peut bâtir rien, qui ne peut mettre rien en mouvement. Mais Kant ne lui en a pas moins imposé un fardeau d'une pesanteur immense : l'hypothèse de la liberté de notre vouloir. Il l'avait pourtant bien souvent répété, c'était sa conviction, que la liberté ne saurait avoir nulle place dans les actions de l'homme, qu'en philosophie théorique, on ne peut même déterminer si elle est possible (*Critique de la Raison pratique*, p. 168, R. 223); que, pour qui connaîtrait exactement le caractère d'un homme et tous les motifs dont il subit l'action, il serait possible de calculer la conduite de cet homme aussi sûrement, aussi précisément, qu'une éclipse de lune (*ibid.* p. 177, R. 230) ! Mais maintenant, sans s'appuyer sur rien, que sur ce fondement de la morale, qui flotte en l'air, il admet la liberté, en un sens, il est vrai, idéal et comme postulat, par le raisonnement fameux : « Tu peux : car tu dois. » Mais quand il a été reconnu clairement, qu'une chose n'est pas, ni *ne peut pas être*, que peuvent à cela tous les postulats du monde ? Ce serait bien plutôt l'affirmation, où le postulat a son point d'appui, qui devrait être rejetée, comme une hypothèse inadmissible : cela par la règle *a non posse ad non esse, valet consequentia* (1), et à l'aide d'une réduction à l'absurde, qui détruirait par la base du même coup l'impératif catégorique. Mais au contraire, ce qu'on nous donne, c'est une théorie fausse bâtie sur une autre de même valeur.

Telle est l'insuffisance pour la morale d'un pareil fondement : une paire de concepts abstraits et vides, que lui-même Kant a dû tout bas s'en rendre compte. En effet, dans la *Critique de la Raison pratique*, alors que, comme je l'ai déjà dit, il mettait déjà moins de précision et de méthode dans ses opérations, et que d'ailleurs il était enhardi par sa gloire enfin naissante, on voit la base de l'éthique changer peu à peu de caractère, oublier quasi qu'elle est un simple tissu de concepts abstraits combinés ensemble, et montrer des velléités de prendre plus de corps. Ainsi p. 81, R. 163, « la loi morale est *en quelque sorte un fait de la Raison pure.* » Que dire de cette étrange façon de parler ? Tout ce qui est fait s'oppose, partout ailleurs dans Kant, à ce qui peut être connu par la Raison pure. — De même, dans le même ouvrage, p. 83, R. 164, il est question d'une Raison qui détermine la volonté *sans intermédiaire,* » etc. — Or, qu'on s'en souvienne,

1. « De cette proposition, qu'une chose est impossible, à celle-ci, qu'elle n'est pas, la conséquence est valable. » (TR.)

tout ce qui établirait la morale sur l'anthropologie, tout ce qui réduirait l'impératif catégorique à un fait de consciende, Kant, dans le *Fondement*, l'écarte expressément et plus d'une fois : car cela serait empirique. — Et pourtant, ce sont ces expressions échappés à Kant, qui ont enhardi ses disciples, et les ont engagés bien loin dans cette voie. Fichte (*La Doctrine des Mœurs réduite en système, p.* 49) nous en avertit nettement : « Il ne faut pas se laisser séduire à cette pensée, de vouloir expliquer mieux la conscience de nos devoirs, la déduire des principes différents d'elle-même : ce serait faire tort à la dignité, au caractère absolu, de la loi. » L'excuse est belle ! — Et plus loin, p.66 « Le principe de la moralité est une pensée, qui s'appuie sur l'*intuition intellectuelle* que nous avons, de l'activité en soi de l'intelligence ; elle est par elle-même le concept immédiat de l'intelligence pure. » O les charmantes fleurs, pour cacher d'un fanfaron l'embarras ! — Veut-on se convaincre de l'état d'oubli, d'ignorance où peu à peu sont tombés les Kantiens, à l'égard du procédé primitif de Kant pour fonder, pour déduire la loi morale? on n'a qu'à revoir un écrit fort digne d'être lu, qui est de Reinhold, dans ses *contributions*, etc. 2e livraison, 1801. *Ibid.* p 105 et 106, on trouve cette affirmation : « Dans la philosophie de Kant, l'autonomie (qui ne fait qu'un avec l'impératif catégorique) est un fait de conscience ; il ne faut pas vouloir la réduire à rien d'autre, car elle est connue directement par la conscience. » — Mais alors elle est fondée sur l'anthropologie, sur l'expérience ! ce qui contredirait les explications expresses et réitérées de Kant. — On ne lit pas moins ceci à la p. 108 du même livre : Dans la philosophie Critique, comme aussi dans toute philosophie Transcendante, épurée ou supérieure, l'autonomie est ce qui se sert à soi-même de base, ce qui n'est pas capable d'en avoir une autre et qui n'en a pas besoin, le vrai primitif, la chose vraie et certaine par soi, la vérité première, le prius κατ' ἐξόχην, (1) le principe

1. « Ce qui est premier par excellence. » (TR.)

absolu. — Celui donc qui songe pour cette autonomie à un principe pris hors d'elle, qui le demande, ou qui le cherche, celui-là, l'école de Kant doit le juger ou dépourvu de conscience morale (1), ou sujet dans la spéculation, et grâce à de faux principes, à la méconnaître. Et quant à l'école de Fichte et Schelling, elle verra en lui un être atteint de cette grossièreté d'âme, qui vous rend incapable de philosophie, et qui est le propre du vulgaire profane, de la brute épaisse, ou pour emprunter le langage fleuri de Schelling, du *profanum vulgus* et de l'*ignarum pecus*.» Quand on en est réduit, pour soutenir une doctrine, à de telles audaces, chacun sent bien ce qu'elle peut valoir. Et pourtant, c'est au respect qu'inspiraient ces coups de force, qu'il faut attribuer la naïve confiance des Kantiens en leur impératif catégorique: ils l'admettaient et désormais voyaient là une affaire faite. Et en effet, comme, sur ce point, s'opposer à une thèse toute théorique, c'était risquer de se faire taxer de perversité morale, chacun, tout en s'avouant qu'au fond de sa propre conscience, il ne s'apercevait guère qu'il y eût un impératif catégorique, ne tenait pas à le dire tout haut, et se disait tout bas que chez les autres, il était bien plus développé, bien plus fort, qu'il se révélait à eux plus clairement. Car il ne nous plait guère de montrer au dehors le dedans de notre conscience.

C'est ainsi que de plus en plus, dans l'école de Kant, la Raison pratique avec son impératif catégorique se révèle sous l'aspect d'une réalité surnaturelle, d'un Temple de Delphes établi dans l'âme humaine ; là, du fond d'un sanctuaire obscur, sortent d'infaillibles oracles, qui n'annoncent malheureusement pas ce qui *arrivera*, mais bien ce qui doit arriver. Mais une fois qu'on a admis, ou plutôt qu'on a, tant par ruse que par force, attribué

1. « C'était bien mon idée ! Quand ils n'ont plus rien de raisonnable à vous répliquer,
Vite, ils font invasion dans votre conscience. » (Note de l'auteur.)

Ces deux vers sont extraits d'une pièce de Schiller ; *les Philosophes*. (TR.)

à la Raison pratique cette puissance immédiate (1), le malheur est que plus tard ce même caractère se communique à la Raison *théorique* : Kant n'a-t-il pas dit lui-même, et souvent, qu'elles ne font pas deux, (ainsi, dans la Préface, p. XII, R. 8). Quand on reconnaîtra dans le domaine de la *Pratique*, une Raison qui rend ses arrêts « ex tripode » (2), un pas de plus, et l'on accordera à sa sœur, qui même lui est consubstantielle, la Raison *théorique*, le même privilège ; on lui trouvera, à elle aussi, le même caractère de puissance non-médiatisée : il y a à cela tant d'avantages, et si évidents ! Aussitôt on voit tous les philosophailleurs, les amateurs, les dénonciateurs des athées, J. Jacobi en tête, s'introduire en hâte par cette petite porte qui vient de s'ouvrir pour eux à l'improviste : ils courent au marché vendre leurs petites denrées, ou du moins essayer de sauver ce qu'ils ont de plus précieux entre leurs antiques biens, car un moment la doctrine de Kant avait menacé de tout foudroyer. — Dans l'existence d'un individu, souvent *une seule* faute de jeunesse suffit à gâter toute une vie ; de même cette seule erreur de Kant, d'avoir admis, en lui ouvrant un crédit d'ordre tout à fait transcendental, une Raison pratique, chargée, comme une cour suprême, de décider « sans considérants », a suffi : par elle, de cette philosophie si précise, si sage, de la Critique, sortirent les doctrines qui lui sont le plus contraires, où l'on voit une Raison qui d'abord timidement *pressent* le *supra sensible*, puis bientôt le *reconnaît* avec netteté, enfin le saisit en personne par une *intuition intellectuelle* ; qui formule des arrêts *absolus*, de ces arrêts qui tombent *ex tripode*, et des révélations, couvert fort commode aux amateurs pour glisser dessous leurs inventions. On ne tarda pas à utiliser ce privilège nouveau. Et voilà l'origine de cette méthode philosophique, qu'on voit apparaître aussitôt à la suite

1. Dans l'ancien Empire, une puissance *immédiate* était celle d'un prince qui ne relevait que de l'Empereur : il était souverain dans ses États. (TR.)

2. « Du haut du trépied. » (TR.)

des théories de Kant, et dont le secret est simple : mystifier, en imposer, tromper, jeter de la poudre aux yeux, gasconner ; triste époque, que l'histoire de la philosophie rangera sous ce titre : « la période de la déloyauté ». Car ce qui manque alors, c'est ce qui fait *la loyauté*, cet esprit de recherche en commun avec le lecteur, dont n'a manqué aucun des philosophes antérieurs : il ne s'agit plus pour les philosophailleurs de ce temps, d'instruire le lecteur, mais de le séduire : cela saute aux yeux à chaque page. Parmi les héros d'alors, brillent Fichte et Schelling, puis bien loin après, bien indigne d'être placé ailleurs que fort au-dessous de ces hommes de talent, cet épais, ce grossier charlatan de Hegel. Tout autour, formant le chœur, les professeurs de philosophie, qui, d'un grand sérieux, en contaient à leur public sur l'Infini, l'Absolu, et bien d'autres choses, dont il est sûr qu'ils ne pouvaient savoir un mot.

Une chose a servi à élever à cet état de *prophétesse* la Raison, c'est un misérable jeu de mots : le mot aperception rationnelle (*Vernunft*), vient, disait-on, d'apercevoir (*vernehmen*) : cela signifie que l'aperception rationnelle est une faculté d'apercevoir ce qu'on appelle le « supra-sensible » (νεφελοκοκκυγία, la cité des coucous, dans les nuages). Cette idée fit une fortune prodigieuse ; durant trente années, l'Allemagne ne se lassa pas de la répéter : on en fit enfin la pierre d'angle de tout l'édifice philosophique. — Cependant si une chose est claire, c'est que *Vernunft* vient sans doute de *vernehmen*, mais qu'il y en a un motif simple : la Raison en effet donne à l'homme sur les bêtes cet avantage, de pouvoi non-seulement *entendre*, mais encore *comprendre* (*vernehmen*), non pas les choses qui se passent dans la cité des coucous au sein des nuages, mais ce qu'un homme raisonnable dit à un autre : ce dernier comprend (*vernimmt*) ce que dit l'autre, et cela s'appelle Raison (*Vernunft*). Voilà comment le mot Raison a été entendu chez tous les peuples, en tous les temps, dans toutes les langues : c'est la faculté qui nous rend capables de ces idées générales, abstraites, et non purement intuitives, les *concepts*, dont les mots sont les signes et les moules fixes : cette faculté est, en réalité, tout ce qui met l'homme au-dessus de la bête. Et en effet, ces idées abstraites, ces concepts, autrement dit ces *notions enveloppantes* qui réunissent des individus en nombre, sont la condition du *langage*, par là de la *pensée* proprement dite, puis aussi de cette conscience où se représentent non-seulement le présent (celle-là, les bêtes l'ont), mais le passé et l'avenir en tant que tel ; ensuite, la claire mémoire, la réflexion, la prévoyance, l'intention, la coopération de plusieurs selon un plan, la société, les métiers, les arts, les sciences, les religions et les philosophies, bref, tout ce qui met un intervalle si visible entre la vie de l'homme et celle de la brute. Pour la brute, il n'y a d'idées qu'intuitives, et par conséquent de motifs que du même ordre : c'est pourquoi ses actes de volonté dépendent de ses motifs, cela est évident. L'homme n'est pas moins sujet à cette dépendance : lui aussi, dans les limites de son caractère propre, est gouverné avec la plus absolue nécessité par ses motifs. Seulement ces motifs-là, le plus souvent ne sont pas des *intuitions*, ce sont des idées *abstraites*, c'est-à-dire des concepts, des pensées, qui à leur tour résultent de perceptions antérieures, d'impressions venues du dehors. Il y gagne une liberté *relative*, c'est-à-dire qui se voit quand on le compare à la bête. Car ce qui le détermine, ce n'est plus comme pour la bête, son entourage *sensible*, celui du moment, mais ses idées, qu'il a tirées de ses expériences passées, ou acquises par l'éducation. Le motif qui le détermine nécessairement, ne s'offre pas aux yeux du spectateur en même temps que l'acte : c'est l'auteur qui le porte avec lui, dans sa tête. De là, non-seulement dans l'ensemble de sa conduite et de sa vie, mais jusque dans ses mouvements, un je ne sais quoi qui les fait distinguer au premier coup d'œil d'avec ceux de la bête ; il a l'air mené par des fils plus ténus, invisibles ; tous ses actes par suite ont un caractère de prévoyance et d'intention, et de là tirent un semblant d'indépendance, par où ils tranchent sur ceux des animaux très-visiblement. Or toutes ces différences, si marquées, tiennent à la faculté des *idées abstraites*, des *concepts*. Cette faculté est donc la partie essentielle de la raison, de ce pouvoir qui distingue l'homme, et qu'on appelle τὸ λόγιμον (1), τὸ λογιστικόν, ratio, la ragione, il discorso, raison, reason, discourse of reason.— On me demandera ce qui fait la différence entre lui et l'*entendement*, νοῦς, intellectus, verstand, understanding; le voici : l'entendement, c'est cette faculté intellectuelle, qui ne fait pas défaut aux bêtes, qu'elles possèdent à des degrés divers, et nous à un degré très-élevé : la notion immédiate, antérieure à toute expérience, de la *loi de causalité* : c'est là ce qui constitue la forme de l'entendement, et ce qui en fait toute l'essence. C'est là la condition d'abord de toute intuition du monde extérieur : car par eux-mêmes les sens ne sont capables que d'*impressions*, et de l'impression à l'*intuition* il y a loin encore ; la première n'est que la matière de l'autre : « νοῦς ὁρᾷ καὶ νοῦς ἀκούει, τἆλλα κωφὰ καὶ τυφλά. (2) » L'intuition naît quand nous rapportons l'impression subie par les organes des sens à sa cause : celle-ci alors, et grâce à cet acte de l'intelligence, s'offre à nous comme *objet extérieur*, sous la forme d'intuition à nous propre, l'*espace*. D'où il faut conclure, que la loi de causalité nous est donnée *a priori*, et ne vient pas de l'expérience, puisque cette dernière suppose d'abord l'intuition, et ainsi n'est possible qu'avec l'aide de l'espace. De l'idée immédiate qu'un individu se fait des rapports de causalité, de la perfection de cette idée, dépend toute la valeur d'un entendement donné, sa sagesse, sa sagacité, sa finesse, sa pénétration : car cette idée fait le fond de toute connaissance de la *liaison* des choses, au sens le plus étendu du mot. C'est parce qu'elle est plus ferme, plus droite chez l'un, et moins chez l'autre, que celui-là est plus *entendu*, plus *prudent*, plus *fin* et celui-ci

1. τὸ λόγιμον ne signifie pas la raison, comme paraît le croire l'auteur, mais bien « le remarquable ». Peut-être l'auteur a-t-il voulu dire τὸ λογικόν, ou ὁ λογισμός. (TR.)

2. « C'est l'esprit qui voit, l'esprit qui entend, le reste est aveugle et sourd. » (TR.)

moins. Quant au titre de raisonnable, au contraire, on l'a de tout temps accordé à l'homme qui ne se guide pas sur des impressions de l'ordre intuitif, mais sur des *pensées* et des *concepts*, et qui doit à cela un air de supériorité, de conséquence, de réflexion dans sa manière de faire. Mais tout cela n'a rien à voir avec la justice ni avec la charité. Au contraire, un homme peut avoir une conduite fort raisonnable, donc réfléchie, circonspecte, conséquente, bien ordonnée, méthodique, tout en suivant les maximes les plus égoïstes, les plus injustes, enfin les plus perverses. Aussi personne *avant Kant* n'avait songé à identifier une action juste, vertueuse, noble avec une action *raisonnable* : on les a toujours bien distinguées, séparées. Dans l'un des cas on considère *la façon dont l'acte est lié aux motifs*, dans l'autre *le caractère distinctif des maximes de l'individu*. Kant est seul à dire que, comme la vertu doit venir de la seule raison, l'être vertueux et l'être raisonnable ne font pas deux ; cela au mépris de l'usage de toutes les langues, usage qui n'est pas un produit du hasard, mais bien de toutes les intelligences en ce qu'elles ont d'humain et par là de concordant. Raisonnable et vicieux sont mots qui peuvent fort bien aller ensemble : bien plus les deux choses unies, fortifient l'agent pour le mal. De même la déraison et la générosité peuvent bien aller de pair : exemple, si je donne à un pauvre aujourd'hui ce dont j'aurai demain plus besoin que lui encore ; si je me laisse aller à prêter à un homme dans l'embarras une somme qu'attend un créancier ; semblables cas ne sont point rares.

Mais en somme, nous l'avons déjà dit, la raison se trouvait élevée à la dignité de principe unique de toute vertu, cela sur cette simple allégation, qu'en sa qualité de *Raison pratique*, elle édicte purement *a priori*, à titre d'oracles, des impératifs inconditionnels ; joignez-y cette explication erronée de la *Raison théorique*, dans la *Critique de la Raison pure*, qui en fait une faculté dirigée vers un certain *Absolu*, lequel se formule en trois prétendues Idées (il est vrai qu'au même moment, et *a priori*, l'entendement le déclare impossible) : — c'en était assez pour fournir aux philosophes-plaisantins un « exemplar vitiis imitabile » (1) : Jacobi en tête, ils allèrent de ce pas jusqu'à la *Raison* qui *perçoit* immédiatement le « supra-sensible », jusqu'à soutenir cette absurdité, que la Raison est une faculté faite exprès pour les choses placées audelà de toute expérience, pour la *Métaphysique* ; qu'elle connait directement, d'intuition, les principes derniers de toute chose et de toute existence, le supra-sensible, l'absolu, la divinité, et autres objets de même sorte. — Ces théories, si on avait bien voulu, au lieu de déifier la Raison, faire usage de la Raison, on eût trouvé fort aisément à y répondre : car si, grâce à un organe propre à résoudre le problème de l'univers, à savoir sa Raison, l'homme portait en lui une métaphysique innée, n'attendant que d'être développée, alors l'accord devrait se faire et régner entre les hommes, sur les questions de métaphysique, aussi parfaitement que touchant les vérités d'arithmétique et de géométrie ; dès lors, comment pourrait-il y avoir sur terre tant et tant de religions profondément différentes, et davantage encore de systèmes philosophiques foncièrement ennemis ? tout au contraire, quiconque en religion ou en philosophie s'écarterait des opinions des autres, devrait être tenu pour une cervelle peu saine. — Une autre remarque bien simple et qui devrait se présenter non moins impérieusement, la voici : supposé qu'on vînt à découvrir une espèce de singes, qui se fabriqueraient, de dessein prémédité, des instruments pour se battre ou pour bâtir, ou pour tout autre usage, nous leur attribuerions la Raison ; au rebours, quand nous rencontrons des peuplades sauvages, sans métaphysique ni religion, comme il en existe, il ne nous vient pas à l'esprit de leur dénier la Raison pour cela. — Cette Raison qui sert à quelques-uns à *démontrer* leurs prétendues connaissances supra-sensibles, Kant dans sa *Critique*, l'a renfermée en ses justes limites ; mais cette Raison à la Jacobi, qui *perçoit*

1. « Un modèle imitable, au moins en ses défauts. » (Horace, Épître, I, XIX, 17.) (TR.)

directement le supra-sensible, vraiment elle lui eût paru *au dessous* de toute critique. En attendant, c'est une Raison de cette sorte, une espèce de puissance non médiatisée, qui aujourd'hui encore sert, dans les universités, à mystifier une jeunesse innocente.

REMARQUE.

Si nous voulons découvrir le fond de cette hypothèse, de la Raison pratique, il nous faut en suivre la racine plus profondément encore. Nous la voyons alors naître d'une certaine doctrine, que lui-même Kant a combattue déterminément, et qui reparaît ici, comme une réminiscence d'un état d'esprit antérieur, car elle se retrouve, sous son hypothèse d'une Raison pratique, accompagnée des impératifs et de l'autonomie; elle en fait le fond, elle est là cachée, à l'insu même de l'auteur. Cette doctrine, c'est la psychologie rationnelle, celle qui divise l'homme en deux substances tout à fait hétérogènes, le corps qui est matériel, et l'âme immatérielle. C'est Platon qui le premier proposa formellement ce dogme, et s'efforça de l'établir au rang des vérités objectives. Mais Descartes la porta à sa dernière perfection, la mit au pinacle, en lui donnant la forme la plus exacte, la précision la plus scientifique. C'est bien ce qui en mit en lumière la fausseté: Spinoza, Locke, Kant, n'eurent qu'à la montrer. Spinoza d'abord (sa philosophie est opposée, pour l'essentiel, au dualisme de son maître): niant les deux substances de Descartes, et cela expressément, il prend pour principe premier cette proposition : « *Substantia cogitans et substantia extensa una eademque est substantia, quæ jam sub hoc, jam sub illo attributo comprehenditur* (1). » Puis Locke, qui luttant contre les idées innées, fait venir toute con-

1. « La substance pensante et la substance étendue ne font qu'une seule et même substance, considérée tantôt sous un attribut, tantôt sous l'autre. » *Éthique*, partie II, prop. 7, corollaire.

(TR.)

naissance des sens, et enseigne qu'il n'y a pas impossibilité à ce que la matière pense. Enfin Kant, dont on sait la critique de la psychologie rationnelle, telle qu'elle se trouvait dans la première édition. En face se trouvent Leibniz et Wolff, avocats de la partie accusée : et c'est à quoi Leibniz a dû cet honneur immérité, d'être comparé à celui dont il diffère tant, au grand Platon. Mais ce n'est pas le lieu d'expliquer ces choses. Or, selon cette psychologie rationnelle, l'âme était originairement et par essence un être capable de connaître, puis et par suite, doué de volonté. Dans l'exercice de ces deux pouvoirs, selon qu'elle agissait purement pour elle-même et sans rapport avec le corps, ou en vertu de sa liaison avec ce dernier, elle manifestait sa faculté de connaître et celle de vouloir sous une forme supérieure ou sous une inférieure. Sous la première, l'âme immatérielle agissait pour elle-même et sans la coopération du corps : elle était « intellectus purus », et ne considérait que des notions en rapport avec elle-même, nullement sensibles, toutes spirituelles, et des actes de volonté de même sorte ; en tout cela rien qui vînt des sens, rien qui eût son origine dans le corps (1). Alors, elle ne connaissait que de pures abstractions, des universaux, des idées innées, des « æternæ veritates », etc. Et pareillement sa volonté n'obéissait alors qu'à des notions du même ordre et toutes spirituelles. Au contraire, la forme *inférieure* de la connaissance et de la volonté était l'acte de l'âme agissant avec le concours du corps et de ses organes, et dans une étroite union avec eux, comme si son activité purement spirituelle était envahie, accaparée. D'où il résultait que toute connaissance *perceptive* devait être obscure et embrouillée : c'était l'abstrait, le produit des concepts abstrus, que l'on trouvait clair ! Quant à la volonté lorsqu'elle était déterminée par cette connaissance subordonnée aux sens, c'était la volonté inférieure, qui d'ordi-

1. « Intellectio pura est intellectio, quæ circa nullas imagines corporeas versatur. » Descartes, *Medit.* p. 188. — « L'intellection pure est celle qui n'a rapport à aucune image corporelle. »

naire était mauvaise : car dans ses décisions elle était poussée par l'aiguillon des sens ; l'autre était au contraire, une volonté plus noble, guidée par la pure raison, et qui dépendait uniquement de l'âme immatérielle. Personne n'a exposé avec plus de clarté cette théorie, que le cartésien de la Forge, dans son *Tractatus de mente humana*, cap. XXIII : « Non nisi eadem voluntas est, quæ appellatur appetitus sensitivus, quando excitatur per judicia, quæ formantur consequenter ad perceptiones sensuum ; et quæ appetitus rationalis nominatur, quum mens judicia format de propriis suis ideis, independenter a cogitationibus sensuum confusis, quæ inclinationum ejus sunt causæ.... Id, quod occcasionem dedit, ut duæ istæ diversæ voluntatis propensiones pro duobus diversis appetitibus sumerentur, est, quod sæpissime unus alteri opponatur, quia propositum, quod mens superædificat propriis suis perceptionibus, non semper consentit cum cogitationibus, quæ menti a corporis dispositione suggeruntur, per quam sæpe obligatur ad aliquid volendum, dum ratio ejus eam aliud optare facit (1). » C'est enfin en vertu d'une réminiscence de ces idées, dont Kant n'eut pas une conscience claire, que reparut chez lui la théorie de l'*Autonomie* de la volonté : c'était chez lui le commandement de la Raison pure et pratique, commandement qui fait loi pour tous les êtres raisonnables, en tant que tels, et pour lequel il n'y a de motifs déterminants que de l'ordre *formel :* à ceux-là

1. « C'est la même volonté qui, d'une part, prend le nom d'appétit sensitif, quand elle a pour excitant des jugements formés en nous en conséquence des perceptions des sens ; et qui de l'autre s'appelle appétit rationnel, quand l'esprit forme des jugements touchant ses propres idées, et indépendamment des pensées confuses des sens, qui sont causes de ses inclinations.... Ce qui a donné occasion parfois, de voir dans ces deux tendances diverses de la volonté deux appétits différents, c'est que très-souvent elles s'opposent l'une à l'autre : car tel dessin, que l'esprit construit sur le fondement de ses perceptions propres, ne s'accorde pas toujours avec les pensées que lui suggère l'état du corps, et ainsi cet état l'oblige à vouloir une chose, au moment où la raison lui en fait souhaiter une autre. » — (TR.)

s'opposent les motifs de l'ordre matériel, qui déterminent uniquement les appétits inférieurs, ennemis de la volonté supérieure.

D'ailleurs, toute cette doctrine, exposée pour la première fois dans un ordre systématique parfait chez Descartes, on la trouve déjà dans Aristote, où elle est assez clairement exprimée : *de Anima* I, 1. Même avant, Platon l'avait élaborée et esquissée dans le *Phédon* (Ed. des Deux Ponts, p. 188-9). — Une fois mise en système et fortifiée par Descartes, elle nous apparaît, cent ans après, enhardie, montée au pinacle, mais aussi bien plus exposée par là à la lumière, qui dissipe l'illusion. Ainsi on la trouve chez Muratori, qui ne fit que résumer l'opinion courante de son temps, *Della forza della fantasia*, cap. I-IV et XIII. La fantaisie dont il s'agit là, a pour fonction de construire, avec les données des sens, l'image complète du monde extérieur : elle n'est qu'un organe tout matériel, une partie du corps, du cerveau (c'est l'intellect inférieur) ; ce qui reste à l'âme immatérielle, c'est seulement la pensée, la réflexion et le raisonnement. — Mais proposée de la sorte, la chose excite le doute, et l'on devait en avoir le sentiment. Si la matière en effet est capable de construire une intuition du monde, œuvre fort compliquée, on ne conçoit pas pourquoi elle ne serait pas propre à tirer de cette intuition des abstractions, et par suite à faire tout le reste. Qu'est-ce que l'abstraction ? évidemment un abandon de toute détermination qui n'est pas nécessaire pour le but qu'on a en vue, autrement dit, des différences individuelles et spécifiques : ainsi quand, prenant le mouton, le bœuf, le cerf, le chameau, je laisse de côté ce qui est propre à chacun d'eux, et j'arrive à l'idée du ruminant ; dans cette opération, les idées perdent leur caractère intuitif, elles deviennent des notions tout abstraites, insaisissables à l'intuition, des concepts, qui pour se fixer dans l'esprit, pour devenir maniables, ont besoin d'un nom. — Mais en dépit de tout, nous voyons Kant subir encore l'action, l'influence tardive de cette vieille théorie, au moment où il établit sa raison pratique avec ses impératifs.

§ 7. — Du *Principe premier* de la morale de Kant.

Dans le précédent paragraphe, j'ai mis à l'épreuve les *fondements* particuliers de la morale de Kant : maintenant j'arrive à ce qui repose sur ce fondement, et qui y est relié étroitement, comme le sont deux tiges jumelles, au *principe premier* de cette morale. Il s'exprimait, on s'en souvient, en ces termes : « Agis uniquement d'après une maxime telle, que *tu puisses vouloir*, au même moment, la voir érigée en loi universelle, valable pour tout être raisonnable. » — D'abord, le procédé est étrange, quand une personne vous demande (c'est là l'hypothèse) une loi indiquant ce qu'elle doit faire et ne pas faire, de lui donner pour réponse qu'elle ait à en chercher d'abord une qui fixe à tout être ce qu'il doit faire et ne pas faire : mais laissons cela. Tenons-nous en à un simple fait ; cette règle première, posée par Kant, n'est évidemment pas encore le principe suprême de la morale : c'est purement une règle pour le trouver, une indication du lieu où il faut le chercher ; ce n'est pas encore de l'argent comptant, mais c'est un mandat solide. Et maintenant, qui est l'individu chargé de nous le réaliser ? c'est, pour dire du premier coup la vérité, un caissier à qui on ne s'attendait guère ; — tout simplement l'*Égoïsme* ; cela, je vais le prouver clairement, et sans retard.

Mettons que la maxime, à propos de laquelle je *peux vouloir* que tous la suivent dans leurs actes, mettons qu'elle soit elle-même le vrai principe de la morale. Ce que *je peux vouloir*, voilà la formule à suivre pour négocier mon mandat. Mais proprement, quelles choses *puis-je* vouloir, et quelles non ? Visiblement, pour déterminer ce que je peux vouloir, au sens dont il s'agit, j'ai besoin d'une règle nouvelle ; quand je l'aurai, je tiendrai la clé de la précédente, mais pas avant : c'est comme l'ordre de payer dont on revêt un mandat déjà signé. Or où trouver cette règle-là ? — Nulle part ailleurs que dans mon égoïsme, dans cette règle, la plus facile à voir, qui s'offre toujours à nous, cette règle primitive et comme vivante de tous nos actes de volonté, et qui a sur tous les principes de morale au moins un avantage, le *jus primi occupantis* (1). — Et en effet, voyez la règle suprême de Kant, celle qui nous guide dans la recherche du principe moral proprement dit : elle suppose perpétuellement, elle sous-entend que, pour vouloir une chose, il faut que cette chose soit ce qui m'arrange le mieux. Quand je pose une maxime que tous, en général, doivent suivre, nécessairement je ne peux pas me regarder comme toujours *actif*, mais je prévois que je serai à l'occasion et parfois, *passif* : c'est en prenant les choses de ce biais, que mon *égoïsme* se décide en faveur de la justice et de la charité. Non pas qu'il ait du plaisir à exercer ces vertus ; mais il en a à éprouver leurs effets ; avec l'avare, qui sort d'un sermon sur la bienfaisance, il s'écrie :

Que de profondeur ! que de beauté !
J'ai bien envie de me faire mendiant !

Ainsi, pour se servir de la formule où Kant enferme le principe suprême de la morale, il faut encore et de toute nécessité cette clé : lui-même ne peut s'empêcher de l'y joindre. » Seulement, il ne la donne pas sur-le-champ après avoir proposé la règle, de peur de nous choquer : c'est seulement à une distance décente de là, et en l'enveloppant mieux dans le texte, afin qu'elle ne saute pas aux yeux. Alors en dépit de tant d'apprêts magnifiques, c'est proprement l'égoïsme qui *a priori* s'assied sur le siège du juge, et mène la balance ; alors aussi, quand, considérant le rôle *passif* où le sujet peut se trouver réduit éventuellement, il a rendu son arrêt, la loi se trouve valoir également pour le cas contraire. Ainsi p. 19, R. 24 : « je ne *peux vouloir* que, de mentir, ce soit une loi universelle : car alors on ne me croirait plus, ou bien on me paierait en même monnaie. » Voici ce qu'il dit p. 56, R. 60 à propos de la maxime de l'*insensibilité* : « Une volonté,

1. Droit du premier occupant. (TR.)

qui prendrait pareille décision, se contredirait elle-même, car *il peut s'offrir telles occasions*, où elle-même aura besoin de l'affection et de la compassion d'autrui, et alors en établissant elle-même une semblable loi de la nature, elle se sera enlevé tout *espoir d'obtenir cette aide, qu'elle souhaite.* » — De même dans la *Critique de la Raison pratique*, Ire partie, Ier vol., chap. II, p. 123, R. 192 : « Supposons un ordre des choses où chacun verrait la souffrance d'autrui avec indifférence, et mettons que tu en fasses partie : te trouverais-tu alors bien d'accord avec ta propre volonté ? » — « Quam temere in nosmet legem sancimus iniquam ! » (1) répondrais-je. Ces passages suffisent à nous éclairer sur le sens où il faut prendre le « je peux vouloir » dans la formule kantienne du principe de la morale. Mais nulle part cet aspect, qui est le vrai, du principe de la morale selon Kant, n'a été mieux mis en lumière que dans les *Éléments métaphysiques de la doctrine de la vertu*, § 30 : « En effet, chacun désire qu'*on lui vienne en aide*. Or si un homme laissait voir que sa maxime est, de *ne pas vouloir aider les autres*, alors chacun *serait autorisé*, à lui refuser tout secours. Ainsi la maxime de l'égoïste combat contre elle-même. » *Autorisé*, dit-il, *autorisé !* Ainsi, voilà exprimée, aussi clairement qu'elle ait jamais pu l'être, la thèse, que l'obligation morale repose purement et simplement sur une *réciprocité* supposée, qu'ainsi elle est tout égoïste, qu'elle reçoit de l'égoïsme son commentaire : car c'est lui qui sagement, et sous la réserve d'un traitement *réciproque*, s'accorde à un compromis. S'il s'agissait d'établir le principe de la société, ce peu pourrait suffire : mais pour le principe de la morale, non pas. Quand donc nous lisons dans le *Fondement de la Métaphysique des mœurs*, p. 81, R. 67 : « Ce principe : agis toujours selon une maxime que tu puisses au même moment consentir à voir érigée en loi universelle, — est le seul sous lequel une volonté ne peut jamais se trouver en oppo-

1. « Que nous sommes prompts à faire des lois injustes, qui se retourneront contre nous ! » (TR.)

sition avec elle-même ; » entendons par ce mot d'*opposition*, que si une volonté édictait la maxime de l'injustice et de l'insensibilité, plus tard, lorsqu'à l'occasion elle aurait le rôle *passif*, elle révoquerait son édit, et ainsi *se contredirait* elle-même.

Après ces explications, une chose est bien claire : c'est que la règle première selon Kant n'est pas, comme il ne cesse de le répéter, un impératif *catégorique*, mais bien en réalité un impératif *hypothétique* : car il est au fond toujours subordonné à une condition sous-entendue : la loi qu'il s'agit de m'imposer comme *agent*, devient, puisque je l'élève au rang de la loi *universelle*, valable aussi pour moi comme *patient*, et c'est sous cette condition, comme *patient éventuel*, que *je ne puis consentir* absolument à l'injustice et à l'insensibilité. Mais que cette condition cesse d'être remplie, que je vienne, par confiance, je suppose, en ma supériorité physique et morale, à me persuader que je serai toujours agent, jamais patient ; qu'ensuite j'aie à faire choix d'une maxime universellement applicable ; eh bien ! s'il était admis qu'il n'y a pas d'autre fondement de la morale, et que celui de Kant fût le seul, je pourrais fort bien alors consentir à faire de l'injustice et de l'insensibilité une maxime générale, et ainsi à régler la marche du monde.

upon the simple plan,
That they should take, who have the power,
And they should keep, who can. (1).

Wordsworth.

Ainsi, second défaut du principe premier de la morale selon Kant, à joindre à celui dont j'ai parlé dans le paragraphe précédent : outre qu'il manque de *base*, il est au fond, dans son essence, en vain Kant affirme le contraire, *hypothétique* ; en effet, il s'appuie sur le pur *égoïsme* ; l'indication qu'il nous fournit, l'égoïsme seul en donne le commentaire. De plus, considérons-le

1. .... D'après cette loi simple :
Prenne, qui a la force !
Et garde, qui pourra !

comme formule : il n'est qu'une périphrase, une expresions déguisée, figurée, pour signifier la règle bien connue : « Quod tibi fieri non vis, alteri ne feceris : » il suffit de répéter deux fois cette règle, la seconde en supprimant les négations, d'en corriger ainsi le vice, qui est de comprendre les devoirs de justice et non ceux de charité. Car évidemment c'est là la maxime, la seule que je puisse vouloir (cela bien entendu en considération des cas possibles où je serais le patient, et par égoïsme) voir obéie de tous. Or, cette règle, « quod tibi fieri, etc. » n'est elle-même après tout qu'une forme détournée, ou si l'on veut, elle constitue les prémisses, d'une autre proposition, de celle dans laquelle j'ai montré l'expression la plus simple et la plus pure de la conduite morale, telle que tous les systèmes s'accordent à nous la prescrire : « Neminem læde, imo omnes, quantum potes, juva. » Celle-ci est et demeure le véritable fond de toute morale. Mais sur quoi repose-t-elle? d'où tire-t-elle sa force? Voilà toujours le vieux, le difficile problème, celui qui aujourd'hui encore vient s'offrir à nous. Car de l'autre côté se tient l'égoïsme qui d'une voix forte nous crie : «Neminem juva, imo omnes, si forte conducit, læde (1).» Et même la méchanceté y ajoue cette variante : « Imo omnes, quantum potes, læde (2). » A cet égoïsme, et à sa compagne la méchanceté, il s'agit d'opposer un champion vigoureux, et qui soit leur maître : voilà le problème que se pose toute morale. — Heic Rhodus, heic salta ! (3)

Kant s'imagine, p. 57, R. 60, justifier le principe qu'il propose pour la morale, par ce procédé : il prend la division des devoirs, si antique et qui assurément a sa raison d'être dans l'essence de la moralité, en devoirs de justice (qu'on nomme aussi devoirs parfaits, absolus, étroits), et devoirs de pure vertu (autrement

1. « N'aide personne ! au contraire, fais tort à tout le monde, quand tu y trouves ton intérêt. » (TR.)

2. « Bien plus, fais tort à tout le monde, selon ton pouvoir. » (TR.)

3 « C'est ici Rhodes, c'est ici qu'il faut faire le saut » — Le tr. n'a pu découvrir l'origine de ce proverbe qui est d'un emploi assez ordinaire en Allemagne. (TR.)

dits devoirs imparfaits, larges, méritoires, et mieux encore, devoirs de charité); et il entreprend de la déduire de son principe. Mais la tentative tourne nécessairement, et visiblement, si mal, qu'elle devient un argument puissant contre le principe proposé. Suivant lui, les devoirs de justice devraient résulter d'une maxime dont le contraire, érigé en loi universelle de la nature, ne saurait même *être conçu* sans contradiction ; les devoirs de charité, au contraire, d'une maxime dont on peut bien *concevoir* la contradictoire, même érigée en loi de la nature, mais sans qu'on puisse *vouloir* une telle loi. — Maintenant, je prie le lecteur d'y songer, la maxime de l'injustice, le règne de la force substitué à celui du droit, bien loin qu'on ne puisse même la *concevoir*, se trouve être en fait, en réalité, la loi même qui gouverne la nature, et cela non pas dans le seul règne animal, mais aussi parmi les hommes ; chez les peuples civilisés, on a essayé, par l'organisation de la société, d'en arrêter les conséquences fâcheuses ; mais à la première occasion, en quelque lieu, en quelque temps qu'elle se présente, dès que l'obstacle est supprimé ou tourné, la loi de nature reprend ses droits. Au reste, elle continue à régner sur les relations de peuple à peuple : et quant au jargon, tout plein du mot de justice, qui est d'usage entre eux, c'est là, chacun le sait, pure affaire de chancellerie, de style diplomatique : ce qui décide de tout, c'est la force dans sa rudesse. Sans doute aussi, une justice toute spontanée se fait jour, et à coup sûr, à l'aide de ces lois : mais pareil fait n'est jamais qu'une exception. En outre, Kant, voulant nous donner d'abord, avant cette division des devoirs, des exemples, cite en première ligne (p. 53, R. 48) parmi les devoirs de justice, le prétendu devoir de l'agent envers lui-même, de ne pas mettre fin à sa vie volontairement pour cette raison que les maux l'emportent, en ce qui le touche, sur les biens. Donc, cette maxime, on ne pourra même *concevoir* qu'elle fût érigée en loi générale de la nature. Or, comme la force publique ici ne peut intervenir, je dis que cette maxime, ne rencontrant pas d'obstacle, se révèle en fait comme *la loi même de la nature.* Car c'est bien certainement là une loi générale : l'homme, en fait, recourt au suicide, dès que chez lui l'instinct inné, et si merveilleusement fort, de la conservation, est décidément vaincu par la grandeur des maux : c'est là ce qu'on observe tous les jours. Mais y a-t-il une seule pensée capable de le retenir, de faire ce que cette peur de la mort, si naturelle, si puissante chez tout être vivant, n'a pu faire ? une pensée plus forte que cette peur ? ce serait se hasarder beaucoup que de le supposer : d'autant qu'on le voit assez, les moralistes ne savent encore pas nous la faire connaître nettement. En tout cas, les arguments de l'espèce de ceux qu'à cette occasion Kant propose contre le suicide, p. 53, R. 48, et aussi p. 67, R. 57, n'ont pas délivré, fût-ce un instant, un seul de ceux que la mort tente, du dégoût de la vie. C'est ainsi qu'en l'honneur de la division des devoirs telle qu'elle se déduit du principe de la morale selon Kant, une loi indiscutable, réelle, et dont les manifestations sont journalières, se trouve transformée en une chose *qu'on ne* saurait même concevoir sans contradiction ! — Je l'avoue, ce n'est pas sans satisfaction qu'ici je jette en avant un regard vers la partie suivante de mon écrit, où j'exposerai comment je fonde la morale, comment de là, sans aucune difficulté, je tire la division des devoirs en devoirs de respect et devoirs d'affection (ou mieux, de justice et d'humanité), grâce à un principe de classification puisé dans la nature des choses, et qui nous fournit une ligne de séparation toute tracée : en somme, c'est ma façon d'établir la morale qui se trouve justifiée par les raisons mêmes auxquelles Kant s'adresse, avec des prétentions mal fondées, pour justifier la sienne.

§ 8. — *Les formes dérivées du principe premier de la morale selon Kant.*

Kant a, comme on sait, donné une seconde formule du principe premier de sa morale : cette fois, ce n'est plus, comme tout à l'heure, une formule détournée, une indication de la manière dont il faut le chercher, c'est une expression directe. Il commence, dès la page 63, R. 55, à préparer le terrain, à l'aide d'une définition très-étrange, ambiguë, disons mieux, peu loyale (1), de ces deux idées : *fin* et *moyen ;* alors qu'il serait si simple de définir ainsi : la *fin* est le motif direct d'un acte de volonté ; le *moyen* en est le motif indirect (*simplex sigillum veri* (2). Mais lui, à la faveur de ses étonnantes définitions, sournoisement il parvient jusqu'à cette proposition : « L'homme, et en général tout être raisonnable, est une *fin en soi.* » — Ici, je dois faire cette simple remarque : que «d'être une fin en soi,» c'est une chose inconcevable, une *contradictio in adjecto*. Être une fin, c'est être l'objet d'une volonté. On ne peut donc être une fin que par rapport à une volonté, c'est d'elle qu'on est la fin, c'est-à-dire, d'après ce qui précède, le motif direct. C'est dans cette position relative que l'idée de fin a un sens ; tirez-la de là, elle perd sa signification. Or ce caractère relatif exclut nécessairement toute idée de «en soi». «Fin en soi», autant vaut dire : « Ami en soi, — Ennemi en soi, — Oncle en soi, — Nord ou Est en soi, — Dessus ou dessous en soi », etc. Maintenant pour aller au fond, cette idée de « fin en soi », soulève la même objection que celle du « devoir absolu » : une même pensée cachée, bien plus inconsciente, se trouve sous l'une et l'autre : c'est la pensée théologique. — La notion de « valeur absolue » ne vaut pas mieux : c'est à cette prétendue, à cette inconcevable « fin en soi », que cette valeur appartiendrait. Mais ici encore, pas de grâce : il faut que j'imprime sur cette idée la marque : *contradictio in adjecto*. Toute valeur est une grandeur mesurable, et par suite sujette à un double rapport : elle est *relative*, en ce qu'elle s'applique à un objet ; et elle est *comparative*, en ce qu'elle résulte d'une comparaison entre cet objet et un autre. Hors de ces deux rapports, le terme de valeur n'a plus

1. Ici, il y a dans le texte un jeu de mots, *geschrobene*, *verschrobene*, que le tr. n'a pas pu rendre. (TR.)
2. « La simplicité est le signe de la vérité. » (TR.)

ni portée ni sens. Ce sont là des choses trop claires pour qu'on insiste plus sur cette analyse. — Mais si ces deux définitions offensent la logique, voici qui offense la morale : c'est cette proposition (p. 65, R. 56), que les êtres sans raison (les bêtes par conséquent) sont des *choses*, doivent être traités comme des *moyens* qui ne sont pas en même temps des fins. D'accord en ce point avec lui-même, l'auteur, dans les *Éléments métaphysiques de la doctrine de la vertu*, § 16, dit expressément ceci : « L'homme ne saurait avoir d'obligation envers aucun être autre que l'homme;» et § 17 : « La cruauté envers les bêtes est la violation d'un devoir de l'homme *envers lui-même* : elle émousse en l'homme la pitié pour les douleurs des bêtes, et par là affaiblit une disposition naturelle, de celles qui concourent le plus à l'accomplissement du devoir envers les autres hommes.» — Si donc l'homme doit compatir aux souffrances des bêtes, c'est pour s'exercer; nous nous habituons sur elles, comme *in anima vili*, à éprouver la compassion envers nos semblables. Et moi, d'accord avec toute l'Asie, celle qui n'a pas été atteinte par l'Islam (c'est-à-dire par le judaïsme), je dis que de telles pensées sont odieuses et abominables. Ici encore on voit à plein ce que j'ai déjà montré, que cette morale philosophique n'est bien qu'une morale de théologiens, mais déguisée; qu'elle est toute dépendante de la Bible. Comme la morale chrétienne (je reviendrai sur ce point) n'a pas un regard pour les animaux, dans la morale des philosophes aussi ils demeurent hors la loi : de simples « choses », des moyens bons à tout emploi, un je ne sais quoi, fait pour être disséqué vif, chassé à courre, sacrifié en des combats de taureaux et en des courses, fouetté à mort au timon d'un chariot de pierres qui ne veut pas s'ébranler. Fi ! la morale de Parias, de Tschandalas, et de Mlekhas (1) ! qui méconnait l'éternelle essence, présente en tout ce qui a vie, l'essence qui, dans tout œil ouvert à la lumière du soleil, resplen-

1. Termes de sanscrit : *Tschandalas*, caste où l'on choisissait les bourreaux ; les Tschandalas étaient généralement lépreux. *Mlekhas* ou *Mletchhas*, les étrangers, et par suite les Barbares. (TR.)

dit comme dans une profondeur pleine de révélations. Cette morale, elle, ne connaît, ne peut voir qu'une seule espèce, celle qui proprement possède toute valeur, dont le caractère est la *raison*, et cette raison est la condition sous laquelle seule un être peut devenir un objet de respect moral.

C'est par ce chemin scabreux, « per fas et nefas, » qu'enfin Kant arrive à la seconde formule du principe essentiel de son éthique : « Agis de manière à traiter l'humanité, aussi bien dans ta personne que dans celle d'autrui, toujours comme étant, elle aussi, une fin, jamais comme un pur moyen. » C'est prendre un tour bien compliqué et cherché de bien loin, pour dire : « Aie égard non pas à toi seul, mais aussi aux autres » ; formule qui elle-même n'est qu'une expression détournée de la proposition : « Quod tibi fieri non vis, alteri ne feceris » ; ne l'oublions pas, celle-ci ne fait que fournir les prémisses pour cette conclusion, le but véritable et commun de toute morale : « Neminem læde, imo omnes, quantum potes, juva. » Or, en cette proposition, comme partout, la vérité est d'autant plus visible qu'elle est plus nue. — Toute l'utilité de cette seconde formule de la morale de Kant, c'est qu'il y peut enfermer, à bon escient, mais non sans peine, les prétendus devoirs envers soi-même.

Une autre objection à faire à cette formule, c'est que le coupable, quand on va l'exécuter, se voit traité, avec raison et justice pourtant, comme un simple moyen, et nullement comme une fin : c'est en effet le seul procédé possible pour conserver à la loi, qu'on accomplit ainsi, la force dont elle a besoin pour effrayer : ce qui est le but unique en pareille occasion.

Maintenant, si cette seconde formule de Kant ne nous avance en rien pour l'*établissement* de la morale, s'il est impossible d'y voir l'expression complète et directe des préceptes de cette morale, le principe suprême, elle a toutefois un mérite : elle nous offre un *apperçu* (1) digne d'un fin moraliste, elle nous apprend

1. En français, et avec cette orthographe, dans le texte. (TR.)

à reconnaître l'égoïsme à un trait des plus caractéristiques : il vaut la peine qu'on y insiste ici. Cet égoïsme dont nous avons chacun un trésor, et que nous avons imaginé (car toute la politesse est là) de cacher comme notre partie honteuse (1), fait saillie en dépit de tous les voiles dont on le couvre, et se révèle par notre empressement instinctif à rechercher, en tout objet qui s'offre à nous, un *moyen* propre à nous conduire à nos *fins* : car des fins, nous n'en manquons jamais. A peine faisons-nous une connaissance, notre première pensée d'ordinaire est pour nous demander si elle pourra nous servir en quelque chose : si elle ne le peut *en rien*, alors pour la plupart des hommes, et dès qu'ils ont leur avis fait là-dessus, elle-même n'est plus qu'*un rien*. Un air de chercher en chacun des autres hommes un moyen pour en venir à nos fins, un instrument, voilà l'expression naturelle qui se lit dans tout regard humain : l'instrument aura-t-il à *souffrir* plus ou moins de l'emploi que nous en ferons ? C'est là une pensée qui ne nous vient que bien après, quand elle nous vient. Et, en cela, nous jugeons des pensées d'autrui d'après les nôtres ; cela se voit à bien des signes : ainsi, quand nous demandons à un homme un renseignement, un conseil, nous perdons toute confiance en ses avis, pour peu que nous lui découvrions quelque *intérêt*, prochain ou éloigné, dans l'affaire. Aussitôt nous supposons qu'il se servirait de nous pour ses fins, et qu'il nous conseillerait non d'après ce qu'il *voit*, mais d'après ce qu'il *veut* : il a beau avoir l. vue claire et un intérêt insignifiant, il n'importe. Car, nous ne le savons que trop, une ligne cube de désir pèse plus qu'un pouce cube de savoir. Et de l'autre côté, quand nous demandons : « Que dois-je faire ? » bien souvent il ne viendra à l'esprit de notre donneur d'avis qu'une chose, c'est à savoir, ce que nous devrions faire pour concourir à *ses* fins à lui : et là-dessus, sans seulement penser à nos fins à nous, il répondra presque machinalement : sa volonté lui aura dicté immédiatement la ré-

1. Ces deux mots en français dans le texte. (TR.)

ponse, avant que la question ait pu pénétrer jusqu'au tribunal du bon sens proprement dit; il cherche donc à nous mener comme il convient pour ses desseins, sans même en avoir conscience : bien plus, il se figure parler d'après ce qu'il voit, au moment où il parle selon ce qu'il veut; c'est à ce point, qu'il peut aller jusqu'à mentir, au pied de la lettre, sans s'en apercevoir. Tant la volonté est toute-puissante sur l'intelligence. Aussi, veut-on savoir si un homme parle d'après ce qu'il sait ou d'après ce qu'il désire ? il ne faut pas s'en remettre au témoignage de sa conscience à lui : c'est à son intérêt que d'ordinaire il faut regarder. Prenons un autre exemple : imaginons un homme serré de près par ses ennemis, dans les angoisses suprêmes; il rencontre un marchand ambulant; il lui demande s'il sait un chemin de traverse : rien d'étonnant si ce marchand lui réplique : « N'avez-vous rien à m'acheter ? » — Certes on ne peut dire qu'il en soit *toujours* ainsi : il arrive presque à tout homme de prendre part directement au bonheur et au malheur d'autrui, et, pour parler comme Kant, de voir en autrui une fin et non un moyen. Cependant c'est là une pensée plus ou moins familière ou étrangère à chacun, de traiter les autres, non plus ainsi qu'à l'ordinaire comme des moyens, mais comme des fins : et de là les grandes différences que l'on trouve, en morale, entre les divers caractères. Maintenant, d'où dépendent ces faits ? le savoir, ce serait connaître le fondement vrai de l'éthique, celui que je chercherai dans la partie suivante de cet écrit.

Ainsi Kant, dans la seconde formule, nous a signalé l'égoïsme et son contraire, à l'aide d'un trait des plus caractéristiques; c'est là un point brillant dans son œuvre; et je l'ai mis en évidence d'autant plus volontiers que, désormais, je ne pourrai pas laisser grand'chose debout de tous les fondements de son éthique.

Kant a donné à son principe de morale une troisième et dernière forme : c'est l'*Autonomie* de la volonté : « La volonté de tout être raisonnable est une législatrice universelle pour tous les êtres raisonnables. » Sans doute, c'est ce qui résulte de la première formule. Mais de celle-ci, voici ce qui suit (voir pour s'en éclairer p. 71, R. 60) : le caractère spécifique propre de l'impératif catégorique, c'est que la volonté, en se déterminant par devoir, *abdique tout intérêt*..

Du coup, tous les principes moraux antérieurs sont ruinés, « car à toute action ils donnent pour principe en guise de joug ou d'aiguillon, un *intérêt, que cet intérêt d'ailleurs soit propre à l'agent, ou étranger*.. » (p. 73, R. 62) (Ou *étranger*, notez bien ce point). « Au contraire une volonté qui agit en législatrice universelle commande au nom du *devoir*, et commande des actes qui n'ont *rien à voir avec l'intérêt*. Réfléchissez d'abord à ce que cela peut bien signifier : rien de moins qu'un acte de volonté *sans motif*, un effet sans cause. Intérêt et motif sont deux termes identiques : l'intérêt, n'est-ce pas « quod mea interest », ce qui m'est avantageux ? Et n'est-ce pas là ce qui, en toute occasion, excite, met en jeu, ma volonté ? Qu'est-ce dès lors qu'un intérêt, sinon l'action d'un motif sur la volonté ? Là où il y a un *motif* pour mettre en jeu la volonté, il y a un *intérêt* ; et s'il n'y a pas de motif, elle ne peut pas plus agir, qu'une pierre ne peut, sans être poussée ni tirée, changer de place. Ce sont là choses qu'on n'a pas besoin de démontrer à un lecteur instruit. Or il s'ensuit que, nulle action ne pouvant se passer d'un motif, toute action suppose un intérêt. Kant, lui, pose une seconde espèce, et toute nouvelle, d'actions : celles qui se produisent sans intérêt, c'est-à-dire sans motif. Et ces actions, il faudrait que ce fussent celles qu'inspirent la justice et la charité ! Pour renverser tout ce monstrueux échafaudage, il suffit de réduire les idées à leur sens propre, que l'on masque en jouant sur le mot intérêt. — Kant n'en célèbre pas moins (p. 74 ss. ; R. 62) le triomphe de sa doctrine de l'autonomie : il nous crée une utopie, séjour de la moralité, sous le nom de Royaume des Fins : il est peuplé de pures *essences raisonnables, in abstracto*, qui toutes et chacune veulent perpétuellement, sans vouloir aucun objet quelconque (en d'autres termes, sans intérêt) : elles veulent une seule chose : à savoir que toutes les volontés suivent *une même* maxime (celle de l'autonomie). « Difficile est, satiram non scribere (1). »

Mais, à part cet inoffensif petit royaume des fins, qu'on peut laisser en paix, à cause de sa parfaite innocence, il est d'autres conséquences, et plus graves, que Kant tire de son autonomie de la volonté, à savoir le concept de la *dignité de l'homme*. Sa dignité repose en effet entièrement sur son autonomie, elle consiste en ce que la loi qu'il doit suivre, il se l'est donnée lui-même, il est avec elle dans le même rapport que dans un état constitutionnel les citoyens avec la leur.

On peut voir dans cette théorie un pur ornement du système moral de Kant. Seulement cette expression, « la dignité de l'homme », une fois employée par Kant, a servi ensuite de *schiboleth* à tous les faiseurs de morale sans idée ni but ; ils ont dissimulé à l'aide de ce mot imposant : « la dignité de l'homme », leur impuissance à fournir un fondement réel, ou du moins plausible, pour la morale, comptant sagement que leur lecteur se voyant attribuer à lui aussi cette dignité, se contenterait à ce prix (2). Pourtant, ce concept, examinons-le de plus près, et éprouvons-le en le rapportant à la réalité. — Kant (p. 79, R. 66) définit la dignité « une valeur absolue et incomparable ». Cette façon de s'expliquer a si grand air, qu'elle en impose : on n'ose guère s'approcher pour considérer de près la proposition ; alors pourtant, on verrait qu'il y a là une hyperbole creuse, sans plus ; au dedans se cache comme un ver rongeur, la *contradictio in adjecto*. Toute valeur résulte de l'appréciation d'une chose par comparaison avec une autre ; elle comporte donc une comparaison,

1. « Il est difficile de ne pas écrire de satire. » Juvénal, I, 30. (TR.)

2. Le premier qui ait en termes exprès et exclusifs, fait de la « dignité de l'homme » la pierre d'angle de l'éthique, fut, je crois, G. W. Block, dans son « Nouveau fondement de la philosophie des mœurs, » 1802.

une relation, et ce caractère d'être relative fait l'essence même de toute valeur. Déjà les Stoïciens (selon Diog. Laert., VII, 106) (1) disaient fort bien : *τὴν δὲ ἀξίαν εἶναι, ἀμοιβὴν δοκιμαστοῦ, ἣν ἂν ὁ ἔμπειρος τῶν πραγμάτων τάξῃ · ὅμοιον εἰπεῖν, ἀμείβεσθαι πυροὺς πρὸς τὰς σὺν ἡμιόνῳ κριθάς.* (La valeur, selon eux, c'était le prix d'un objet digne d'estime, tel que le fixerait un homme compétent ; ainsi quand on échange du froment contre de l'orge plus un mulet). *Une valeur comparable, inconditionnée, absolue*, comme doit être la dignité, est donc, ainsi que mainte chose en philosophie, un assemblage de mots, dont il s'agirait de faire une pensée, mais qu'on ne peut nullement penser, non plus que le nombre le plus grand, ni l'espace le plus vaste.

> « Doch eben wo Begriffe fehlen,
> Da stellt ein Wort zu rechter Zeit sich ein. » (2)

C'est ce qui est arrivé pour la « dignité de l'homme », un mot qui s'est offert bien à point ; grâce à lui, toutes ces morales, qui touchent à toutes les sortes de devoirs et à toutes les questions de la casuistique, ont trouvé sur quoi s'établir ; maintenant, de là, elles prêcheront à leur aise.

A la fin de son exposition (p. 124, R. 97) Kant disait : « Comment maintenant la *Raison pure*, sans aucun des principes d'action qu'on pourrait emprunter d'ailleurs, peut-elle par elle-même être *pratique* ? en d'autres termes, comment *ce simple principe, l'aptitude de toutes les maximes de cette raison à être érigées en lois universelles*, sans intervention d'aucun objet de la volonté capable de nous inspirer d'abord un intérêt quelconque, peut-il à lui seul constituer un principe d'action, et inspirer un intérêt digne d'être nommé purement moral ? autrement dit, comment une pure Raison peut-elle être pratique ? — Expliquer ce

1. 105 dans l'édition Tauchnitz. (TR.)
2. « Quand les idées manquent,
C'est alors qu'un mot vient à propos tenir la place. »

mystère, c'est ce qui dépasse la Raison humaine; le tenter, c'est perdre son temps et sa peine. » — Maintenant, quand on nous affirme l'existence d'une chose, et que cette chose est de celles dont on ne peut concevoir comment elles sont possibles, nous devons nous attendre à ce qu'on nous en démontre par des faits la réalité. Mais l'impératif catégorique de la Raison pratique, on nous le dit expressément, *ne doit pas* être pris comme un fait de conscience, ni être établi en aucune autre manière sur l'expérience. Tout au contraire on nous avertit, et assez souvent, qu'il ne faut point le chercher par la voie de l'anthropologie empirique (ainsi, préface p. VI, R. 5; et p. 59-60, R. 52). En outre, on nous donne à plusieurs reprises (ainsi p. 48, R. 44) cette assurance, « qu'on ne peut s'en remettre à un exemple, ni par suite à l'expérience, pour savoir s'il existe un tel impératif. » Et celle-ci, p. 49, R. 45 : « que la réalité de l'impératif catégorique n'est pas une donnée fournie par l'expérience. » — Quand on rapproche ces passages, on se prend à soupçonner que peut-être Kant a mystifié ses lecteurs. Toutefois, de telles façons sans doute, avec le public qui aujourd'hui en Allemagne s'occupe de philosophie, seraient très-permises et tout à fait en situation; mais du temps de Kant, ce public ne s'était pas fait connaître comme depuis : d'ailleurs l'éthique était bien le dernier sujet auquel on eût pensé pour en faire une matière à plaisanterie. Il faut donc nous en tenir à cette conviction : qu'une chose dont on ne peut ni concevoir la possibilité, ni démontrer la réalité, n'a rien pour nous faire croire à son existence. — Maintenant nous pouvons bien, par un jeu d'imagination, construire, nous représenter un homme dont l'âme serait possédée de ce démon, le devoir absolu, lequel ne parlerait que par impératifs catégoriques, et prétendrait gouverner tous ses actes, en dépit de ses penchants et de ses désirs. Mais rien n'est plus éloigné de ressembler à la véritable nature humaine et à ce qui se passe au dedans de nous : nous ne voyons là qu'une machine pour remplacer la morale des théologiens, et qui la remplace à peu près comme une jambe de bois remplace une vraie jambe.

Telle est donc notre conclusion : la morale de Kant, comme celles qui l'ont précédée, n'a aucune base sûre. Elle n'est, je l'ai fait voir dès le début, en en critiquant la *forme impérative*, elle n'est au fond que la morale des théologiens, mais prise à rebours, et déguisee sous des formules abstraites et en apparence découvertes *apriori*. Ce qui devait rendre le déguisement plus réussi et donner encore davantage le change, c'est qu'en tout cela, Kant, on n'en peut douter, se faisait illusion à lui-même: il se figurait vraiment que ces idées de *commandement* et de *loi*, dont tout le sens évidemment se tire de la morale des théologiens, il pouvait les établir en dehors de toute theologie, et les fonder sur la pure connaissance *a priori :* quand au contraire, je l'ai assez prouvé, ces idées-là chez lui manquent de tout appui réel et flottent en l'air. Entre ses mains même, à la fin, on voit tomber le masque de la *morale théologique*, quand apparaissent la théorie du *souverain bien*, les *postulats de la Raison pratique*, et en dernier lieu, la *théologie morale*. Mais tant de signes n'ont pu l'éclairer, ni lui, ni le public, sur le vrai rapport des choses : au contraire, tous se réjouissaient de voir retablis grâce à la morale (dans un sens tout idéal et pour un but tout pratique, n'importe) tous ces articles de foi. Eux, en toute sincérité, prenaient la conséquence pour le principe et le principe pour la conséquence, sans voir que dans cette morale, ces prétendues conséquences etaient au fond admises d'avance, à titre de principes, bien que secrets et dissimulés.

Qu'on me permette de terminer cette etude sévère et pénible même pour le lecteur, par une comparaison plus gaie, frivole même ; cela nous déridera : Kant, avec son talent de se mystifier lui-même, me fait songer à un homme qui va dans un bal travesti, qui y passe sa soirée à faire la cour à une beauté masquée, et qui pense faire une conquête : elle à la fin se démasque, se fait reconnaître : c'est sa femme.

§ IX. — *La théorie de la conscience dans Kant.*

La prétendue Raison pratique, avec son impératif catégorique, est évidemment une très-proche parente de la *conscience*, en dépit de cette première et essentielle différence qui est entre elles, que l'impératif catégorique, étant un commandement, se prononce nécessairement *avant* l'acte, et la conscience, dans la rigueur, prononce seulement après. Si elle peut parler avant, c'est tout au plus d'une façon *indirecte* : cela grâce à la réflexion qui lui présente le souvenir de cas antérieurs, où des actes semblables à celui dont il s'agit ont excité la désapprobation de la conscience. Ainsi s'explique, à mon sens, l'étymologie du mot *conscience :* il n'y a de *conscient* que le fait authentique (1). Ainsi, chez tout homme, même le meilleur, s'élèvent des sentiments, qu'excitent des causes extérieures, ou bien, à l'occasion d'un trouble intérieur, des pensées et des désirs impurs, bas, mauvais : mais en bonne morale, il n'en est pas responsable, et sa conscience n'en est pas chargée. Tout cela montre de quoi est capable l'*homme en général*, mais non pas lui. Chez lui, il y a des motifs différents qui s'opposent à ceux-là ; sans doute ils ne se sont pas présentés en ce même instant ; mais les autres n'en sont pas moins incapables de se manifester par des actes : ils sont comme une minorité impuissante dans une assemblée délibérante. C'est par nos actes seulement et par expérience que nous apprenons à nous connaître, nous et les autres ; et les actes seuls pèsent sur notre conscience. Seuls ils ne sont pas problématiques, comme les pensées, mais au contraire certains (*gewiss*), ils sont là, désormais impossibles à changer, ils ne sont pas simplement objets de pensée, mais bien de conscience (*Gewissen*). De même en latin, le mot *conscientia* : c'est le « conscire sibi, pallescere culpa (2) » dont parle Horace. Telle encore la

1. En allemand, *Gewissen* (conscience), et *gewiss* (certain). (TR.)
2. « Etre en face de sa conscience, pâlir devant son crime. » (TR.)

συνείδησις. (1) C'est la science que l'homme a de ce qu'il a fait. En second lieu, la conscience emprunte toute sa matière à l'expérience : ce qui est impossible au prétendu impératif catégorique, car il est purement *a priori*. Néanmoins, j'ose croire que la théorie de la conscience selon Kant jettera encore quelque lumière sur cet impératif de son invention. Cette théorie, il l'expose surtout au § 13 des Éléments métaphysiques de la doctrine de la vertu ; dans l'examen qui va suivre, je supposerai que le lecteur a *sous les yeux* ces quelques pages.

Cette interprétation de la conscience par Kant est vraiment imposante : le lecteur, frappé de respect et de crainte, reste muet, et n'oserait guère élever la voix ; d'autant qu'il a à redouter, s'il fait quelque objection d'ordre théorique, de la voir reçue comme une attaque dirigée sur le terrain de la pratique ; si bien qu'à récuser l'exactitude de la théorie de Kant, on risque de passer pour un homme sans conscience. Mais pour si peu je n'oublierai pas qu'il s'agit ici de théorie, non de pratique, qu'on a mis hors de cause la prédication morale, et que ma tâche, c'est d'examiner scrupuleusement les bases dernières de l'éthique.

En premier lieu Kant ne cesse d'employer des *mots latins*, des *termes de droit* ; et pourtant il n'en est guère, ce semble, de moins convenables pour rendre les mouvements les plus secrets du cœur humain. Il reste toutefois fidèle à ce langage et à ces façons de parler juridiques, d'un bout à l'autre : on croirait que c'est là la forme essentielle au sujet. C'est ainsi qu'il installe dans notre for intérieur un tribunal, avec procès, juge, accusateur, avocat et arrêt. Si ces choses se passaient en nous, comme le donne à penser Kant, il n'y aurait point d'homme, je ne dis pas assez méchant, mais assez stupide, pour braver la conscience. Tout cet appareil surnaturel, étrange, déployé, dans notre conscience intime, cette Sainte-Vehme masquée, siégeant dans les

1. Ce mot grec signifie en effet à la fois *certitudo* et *conscience*. TR.)

mystérieuses ténèbres de notre for intérieur, tout cela imprimerait à chacun une terreur, une religieuse épouvante, et suffirait à nous détourner d'avantages peu durables, passagers, qu'il nous faudrait goûter malgré la défense, et sous les menaces de cette puissance surnaturelle, si voisine de nous, si clairement manifestée, si redoutable. — Or, la réalité, la voici : en général la conscience n'a qu'un pouvoir bien faible, tellement que tous les peuples ont songé à lui donner pour aide, et parfois même pour remplaçante, la religion. Et d'ailleurs si la conscience était ce qu'on dit, jamais il ne serait venu à l'esprit de la Société Royale, de proposer la précédente question.

Mais considérons de plus près l'exposition de Kant : cette majesté imposante, il y arrive en représentant l'acte de l'homme qui se juge, sous une forme qu'il nous donne pour propre et essentielle à cet acte, et qui ne l'est nullement : on peut, il est vrai, se le représenter ainsi, mais on en peut faire autant pour toute autre méditation, même étrangère à l'idée morale, touchant ce que nous avons fait et que nous aurions pu faire autrement. Sans parler de la conscience évidemment faussée, artificielle, que produisent en nous les superstitions, et par exemple de celle de l'Hindou, qui lui reproche d'avoir été l'occasion de la mort d'une vache, ou de celle du Juif, qui lui rappelle telle pipe, fumée à la maison en un jour de Sabbath, et qui parfois peut s'exprimer ainsi, par accusation, plaidoirie, arrêt ; — bien souvent, quand on s'examine, sans aucune préoccupation morale, ou même avec une préoccupation plutôt immorale, l'examen peut aisément prendre cette forme-là. Ainsi, j'ai, par bon cœur, mais sans réflexion, répondu pour un ami ; le soir seulement, je mesure tout le poids de la responsabilité à laquelle je me suis exposé, et à combien peu il tient que je ne me trouve ainsi mis dans le plus grand embarras ; j'entends la voix prophétique de la sagesse antique : ἐγγύα, πάρα δ'ἄτα (1) ! alors au-dedans de moi se pré-

1. « Pour qui répond, Até (le malheur) n'est pas loin. » (TR.)

sente l'accusateur, puis en face l'avocat, qui essaie d'excuser ma précipitation, sur la force des circonstances, des obligations, sur ce que la chose est toute simple, et même sur ma bonté, dont il fait l'éloge; enfin c'est le tour du juge, qui impitoyablement prononce son arrêt : « Coup de tête de sot ! » et je baisse la tête.

Il en est du reste, de la description de Kant, pour la plus grande partie, comme de cet appareil judiciaire qui lui plaît tant. Ainsi ce qu'il dit, au début même du paragraphe, sur la conscience, et qui d'après lui s'applique à elle seule, est vrai du scrupule en général, fût-il d'une autre sorte. On peut, mot pour mot, l'entendre des réflexions secrètes de la conscience d'un rentier, quand il voit ses dépenses dépasser grandement ses revenus, et son fonds menacé, prêt à se fondre peu à peu : « cette pensée le suit comme son ombre, alors qu'il croit y échapper : il peut bien, à force de plaisirs et de dissipations, s'étourdir ou s'endormir, mais non pas empêcher que de temps à autre elle ne revienne, ni s'empêcher de s'éveiller dès qu'il entend cette voix formidable », etc. — Ayant ainsi décrit ces formes judiciaires, comme si elles tenaient au fond des choses, et les ayant à ce titre observées d'un bout à l'autre, il les utilise ensuite pour la construction d'un sophisme fort subtil. « D'imaginer que l'agent à qui sa conscience fait des reproches puisse ne faire avec le juge qu'une seule et même personne, c'est là, dit-il, une façon étrange de se figurer un tribunal : jamais l'accusé ne perdrait son procès. » Là-dessus, pour s'expliquer, il ajoute une note fort embrouillée et peu claire (1). Il en conclut que, pour éviter de nous

1. Voici une traduction de la note dont parle Schopenhauer, avec quelques éclaircissements.

« L'homme qui, dans sa conscience, s'accuse et se juge, se fait nécessairement à lui-même l'effet d'être une personne double. Toutefois il faut bien s'entendre sur la nature de ce moi double, qui d'une part s'oblige à comparaître tout tremblant à la barre du tribunal, et qui de l'autre se confie la fonction de juge, et l'exerce avec une autorité qui lui est innée : faute de cette explication, la Raison

contredire, il nous faut nous figurer (dans ce drame judiciaire de la conscience) le juge intérieur comme différent de nous, comme *un autre être*, qui connaîtrait le cœur humain, qui saurait tout, qui commanderait à tous, et, qui en qualité d'exécutif, au-

tomberait en contradiction avec elle-même, (1*). — Sans doute moi, l'accusateur et l'accusé à la fois, je suis un seul et même homme (*numero idem*) (2*). Cependant ce moi peut être considéré d'un côté comme un sujet de ce Code moral qui naît du concept de la Liberté, de ce Code dans lequel l'homme est soumis à une loi qu'il se donne lui-même : et c'est là l'*homme noumène* ; de l'autre côté, ce moi est l'homme que nous voyons dans le monde des sens, homme doué de Raison (3*) ; et le second homme est différent (*specie diversus*) de l'autre. Différent, du moins au sens pratique ; car le rapport de causalité qui existe entre l'Intelligible et le Sensible échappe à toute notion théorique (4*). Et cette différence spécifique est au fond la même qui sépare les facultés caractéristiques de l'homme, l'une inférieure, l'autre supérieure (5*). De ces deux hommes, le premier est l'accusateur ; en face se présente le conseil judiciaire auquel a droit l'accusé, son avocat (6*). Les débats clos, le juge intérieur, en qualité

1*. Car, si c'était la même Raison, qui d'une part fît l'avocat, et de l'autre jugeât, elle ne condamnerait jamais, sous peine de se contredire. Mais cette contradiction n'a pas lieu, si cette Raison est double, ou plutôt, si elle se place successivement à deux points de vue différents : celui de la Raison théorique, ou de l'avocat, qui examine les faits au point de vue de la causalité, qui en trouve toujours des motifs naturels, et qui s'efforce d'atténuer la faute en l'expliquant ; et celui de la Raison pratique, ou du juge, qui considère les actes dans leur rapport avec la loi morale. — 2*. Le noumène et le phénomène ne font qu'un dans la réalité : Kant reconnaît entre eux cette même *union substantielle* que Descartes établissait entre l'âme et le corps ; et il s'efforce d'expliquer cette identité de l'un et du multiple, de l'être libre et de l'apparence soumise à des lois nécessaires, à l'aide de la finalité : du moins on peut croire que tel est le but de la *Critique du Jugement*. — 3*. De la Raison théorique, évidemment : car pour la Raison pratique, elle est ce qui constitue l'homme-noumène. — 4*. Kant ici nous avertit de ne pas chercher (en dépit d'une tentation incessante, et qui est précisément le démon de la métaphysique) à comprendre à l'aide des concepts de la Raison théorique, ce qui relève de la Raison pratique, à savoir les noumènes et leur rapport avec les phénomènes ; rapport qu'ici Kant appelle *Causal-Verhältniss*, mais en déclarant expressément qu'il n'y a aucune ressemblance entre cette causalité et celle dont connaît la science, la Raison théorique. — Ce texte d'une ligne est un des plus importants pour l'interprétation de Kant : il résume toute la discipline de la Raison. — 5*. Caractéristiques, c'est-à-dire qui constituent son caractère, ses deux caractères : l'empirique et le nouménal. C'est la différence de deux choses dont l'une est dans le temps, l'autre en dehors ; l'une soumise à la nécessité, l'autre libre ; et qui pourtant, unies (sans doute par la finalité), ne forment qu'un être unique et double, *numero idem, specie diversus*, l'homme. — 6* Pourquoi l'avocat est-il distingué d'avec rait la toute-puissance ; et ainsi, par un chemin tout uni, voilà notre auteur qui conduit son lecteur de la conscience à la crainte de Dieu, comme d'un principe à une conséquence nécessaire : au dedans de lui-même, il se fie à l'éducation première du lecteur, qui lui rendra l'assentiment plus facile, tant elle lui a fait de ces idées un milieu familier, bien plus, une seconde nature. Aussi Kant a la partie belle. Et cela même eût dû le frapper et l'avertir qu'il fallait non-seulement prêcher la loyauté, mais la pratiquer. — Quant à moi, je nie purement et simplement le principe posé d'abord, et d'où viennent toutes ces conséquences ; bien plus, je le dénonce pour une fourberie. *Il n'est pas vrai*, que l'accusateur doive avoir toujours le dessous, si l'accusé ne fait qu'un avec le juge ; du moins devant le tribunal qui est *en nous* : dans l'exemple ci-dessus, de la caution imprudente, l'accusateur a-t-il donc eu le dessous ? — Faudrait-il, pour ne point tomber en contradiction, imaginer aussi dans ce cas la prosopopée dont parle Kant, et se croire réellement distinct du personnage qui prononcerait cet arrêt, cet éclat de tonnerre : « Coup de tête de sot ! » Qui serait-ce ? un Mercure en chair et en os, peut-être ? ou bien une incarnation de cette Μῆτις, dont parle Homère (*Iliade*, XXIII, 313

de personne ayant pouvoir 7 *, prononce son arrêt, déclare les conséquences morales du fait, à savoir ce qu'il mérite de bonheur ou de malheur. Mais quand il prend cette qualité, quel est son pouvoir effectif ? Jusqu'à quel point est-il maître de l'univers ? Ici notre Raison s'arrête 8 * ; tout ce que nous pouvons, c'est de vénérer son *jubeo* ou son *veto* absolu 9 *. » (TR.)

l'accusé ? C'est que l'accusé, c'est l'homme entier, son caractère nouménal, et l'acte qui le manifeste. L'avocat, c'est la Raison théorique. — 7*. C'est-à-dire, de personne qui dispose des peines et des récompenses. Kant ici semble identifier assez clairement le moi-noumène avec Dieu. — 8* La Religion seule peut pousser plus loin, dans le sens même où marchait déjà la Raison. — 9*. C'est notre devoir, de *croire* à la toute-puissance du Juge intérieur, bien que nous ne puissions en avoir aucune démonstration, pas plus que d'aucun autre objet de la Raison pratique : d'ailleurs en ces matières, la démonstration serait plus qu'inutile ; la toute-puissance de la Justice, si elle était *prouvée*, ne nous laisserait plus ni liberté, ni dignité. La croyance, au contraire, est méritoire : elle est comme le dernier effort d'une âme dévouée entièrement au devoir, et son acte moral le plus beau. (TR.)

sqq.) (1) ? ainsi nous rentrerions donc dans la voie de la crainte religieuse, quoique par le paganisme ?

Sans doute Kant, en nous donnant cet exposé encore bref, mais suffisant pour l'essentiel, de sa théologie morale, se garde de lui attribuer aucune valeur objective : il n'y voit qu'une forme nécessaire aux yeux du sujet. Mais ce n'est pas assez pour l'absoudre de l'arbitraire qu'il met à faire cette construction, tout en la disant nécessaire pour le sujet seul : car il l'établit sur des affirmations sans fondement.

Ainsi une chose est claire : lorsque Kant nous représente l'action de la conscience comme un drame juridique, lorsqu'il observe d'un bout à l'autre cette forme comme si elle ne faisait qu'un avec le fond des choses, le tout pour arriver à tirer de là des conséquences, il attribue à la conscience ce qui ne lui est en rien ni essentiel ni propre. Cette forme est d'un emploi bien plus général : elle s'applique aisément en toute occasion de la vie pratique; le plus souvent, ce qui la suscite, c'est un conflit de motifs opposés, dont la Raison, par ses réflexions, éprouve successivement la force; et alors il n'importe, si ces motifs sont moraux ou égoïstes, et s'il s'agit de délibérer sur un acte à faire, ou de ruminer un acte accompli. Mais si nous dépouillons toute cette théorie de sa forme de drame juridique, dont l'usage est ici tout facultatif, alors nous voyons s'évanouir aussi cette gloire dont elle était environnée, et cette majesté qui nous en imposait ; tout ce qui reste, c'est ce fait, qu'au ressouvenir de nos actes, nous ressentons un mécontentement d'espèce particulière, et dont le caractère propre est de s'attacher à l'acte lui-même et non aux conséquences, et qui différant en cela du mécontentement que nous avons dans les autres cas, quand nous regrettons l'impru-

1. Nestor, donnant ses conseils à son fils pour la course des chars, lui dit : « Allons, mon fils, mets dans ton âme la Sagesse (μῆτιν) qui pourvoit à tout... C'est par la Sagesse que sur la mer à la couleur vineuse le pilote dirige le vaisseau rapide... C'est par la Sagesse que le cocher l'emporte sur le cocher... » (TR.)

dence de notre conduite, n'est point causé par des motifs *égoïstes*, au contraire, ici, ce qui nous mécontente, c'est d'avoir trop agi en égoïstes, d'avoir regardé trop à notre intérêt, trop peu à celui des autres, ou même d'avoir, sans intérêt, pris pour but le mal d'autrui, le mal pour le mal. Oui, ce qui nous fâche et nous trouble, ce sont des maux que nous n'avons pas *éprouvés*, mais bien *causés* : voilà le fait dans sa nudité, et nul ne le méconnaîtra. Comment tient-il à la seule base solide que puisse avoir l'éthique? c'est ce que nous chercherons plus loin.

Mais sur ce fait primitif, Kant, comme un habile avocat, a fait en l'embellissant et le grandissant, les derniers efforts pour établir une base capable de recevoir ensuite sa morale et sa théologie morale.

§ X. — *La Théorie du caractère intelligible et du caractère empirique dans Kant. — Théorie de la Liberté.*

J'ai dû, pour servir la vérité, diriger contre la morale de Kant des attaques, et qui ne s'arrêtent pas, comme celles des mes prédécesseurs, à la surface, mais pénètrent dans le fond du fond, et bouleversent tout. Maintenant, la justice exige, ce me semble, que je complète le tableau, en rappelant ici le très-grand et très éclatant mérite de Kant en morale. C'est d'avoir concilié la liberté avec la nécessité : cette théorie se trouve pour la première fois dans la *Critique de la Raison pure* (pp. 533-554 de la 1re édon ; 561-582 de la 5e) ; mais l'auteur en donne un exposé plus clair encore dans la *Critique de la Raison pratique* (4e édon pp. 169-179; R. 224-231).

Ce furent Hobbes d'abord, puis Spinoza, ensuite Hume et aussi d'Holbach dans son *Système de la nature*, enfin, et avec plus de détails et de profondeur, Priestley, qui firent voir l'enchaînement étroit et nécessaire des actes de la volonté, mirent ce point hors de doute, et si clairement, qu'il faut le ranger parmi les vérités parfaitement démontrées : il n'y a plus que les ignorants et les esprits grossiers, pour croire encore à une liberté qui appartiendrait à chacun des actes de l'homme, à un « liberum arbitrium indifferentiæ (1). » Kant admettant les raisons d'ailleurs incontestables de ces prédécesseurs, regarda la doctrine de la nécessité complète dans les actes de la volonté comme hors de question, et supérieure à toute espèce de doute ; et c'est ce qu'on voit par tous les passages où il considère la liberté du point de vue de la simple *théorie*. D'autre part il demeure certain que nos actes ont pour accompagnement la conscience d'un pouvoir propre dans l'agent ; celui-ci s'en croit la vraie source; il y reconnaît par suite son œuvre à lui, et avec une certitude parfaite, il se regarde comme l'auteur réel de ses actes : il s'en déclare moralement *responsable*. Or la *responsabilité* suppose, au moment de l'action, un pouvoir d'agir autrement qu'on n'agit, donc, en quelque façon, la liberté : ainsi la conscience de la responsabilité enferme aussi celle de la liberté. C'est pour résoudre cette contradiction, née du fond même des choses, que Kant, avec un sens profond, traça une distinction entre le phénomène et la chose en soi ; et c'est là le centre même de toute sa philosophie ; c'est son plus grand mérite, d'avoir ainsi trouvé la clef du problème.

L'individu, si l'on considère son caractère inné, immuable, dont toutes les manifestations sont réglées strictement par la loi de causalité, agissant ici par l'intermédiaire de l'intellect, et appelée par suite enchaînement des motifs, l'individu n'est qu'un *phénomène*. Mais la *chose en soi*, qui sert de fond à ce phénomène, est placée hors du temps et de l'espace : elle est donc soustraite à toute condition de succession et de pluralité; elle est une et immuable. Sa constitution en elle-même, voilà le *caractère intelligible* : celui-ci, également présent dans tous les actes de l'individu, et imprimé en eux tous, ainsi qu'un même cachet en mille empreintes, détermine le *caractère empirique* du phénomène, celui qui se développe dans le temps, dans la série des actes : aussi dans toutes les manifestations du phénomène, telles

1. « Liberté d'indifférence. » (TR.)

que les motifs les provoquent, on remarque la même constance qu'une loi de la nature imprime à ce qui lui obéit ; ainsi tous les actes doivent s'enchaîner en une série nécessaire. Déjà depuis longtemps les meilleurs esprits avaient remarqué cette immutabilité, cette stabilité indestructible qui appartient au caractère empirique de tout homme ; les autres seuls se figuraient qu'on peut, par de sages représentations, en lui faisant la morale, transformer le caractère d'un homme. Maintenant, cette remarque se trouve appuyée sur un principe rationnel, la philosophie l'accepte, et se trouve ainsi mise d'accord avec l'expérience ; elle n'a donc plus à rougir devant la sagesse populaire, qui depuis si longtemps avait exprimé cette vérité dans le proverbe espagnol : « Lo que entra con el capillo, sale con la mortaja. » (Ce qui vient avec le béguin du nourrisson, s'en va avec le linceul.) Ou encore : « Lo que en la leche se mama, en la mortaja se derrama. » (Ce qui se suce avec le lait, s'en va avec le suaire.)

Cette théorie de Kant, de la coexistence de la liberté avec la nécessité, est à mon sens la plus grande idée où l'homme, approfondissant les choses, soit parvenu. Cela et l'esthétique transcendentale, voilà les deux plus beaux diamants de la couronne glorieuse de Kant : ils ne s'obscurciront jamais. — A vrai dire Schelling, dans son *Essai sur la Liberté*, a bien pu, grâce à son style vivant, coloré, à sa clarté dans l'exposition, donner une paraphrase, plus saisissable pour beaucoup d'esprits, de cette théorie de Kant ; et je l'en louerais, s'il avait eu la loyauté de dire en même temps que ce qu'il nous offrait là, c'était la sagesse de Kant, et non, comme le croit encore une partie de ce public qui s'occupe de philosophie, sa propre sagesse.

Pour mieux comprendre cette doctrine de Kant, et par là même l'essence de la liberté en général, il est bon de la rapprocher d'une vérité universelle, dont je trouve la formule la plus concise dans une des propositions favorites de l'Ecole : « Operari sequitur esse (1) ; » en d'autres termes, dans le monde chaque

1. « De l'être suit l'action. » (TR.)

chose agit selon ce qu'elle est, selon sa constitution; dans cette constitution se trouvent contenues *en puissance* toutes ses manifestations, mais elles ne se produisent *en acte* qu'au moment où des causes extérieures les évoquent; et c'est par là même que cette constitution se révèle. Voilà le *caractère empirique*, par opposition à un autre plus intime, inaccessible à l'expérience, et qui sert de principe dernier au précédent, le *caractère intelligible*, c'est-à-dire, l'*essence même* de la chose. En cela l'homme ne fait pas exception dans la nature: lui aussi il a son caractère immuable, d'ailleurs propre à l'individu, et qui n'est pas le même chez deux. Ce caractère est *empirique* en ce que nous en connaissons, mais comme tel, il n'est que phénomène: quant à ce qu'il est en lui-même et dans son essence, c'est là ce qu'on appelle le *caractère intelligible*. Toutes ses actions sont, dans leur arrangement extérieur, déterminées par des motifs, et ne sauraient en aucun cas arriver autrement que ne l'exige le caractère immuable de l'individu: tel tu es, tels seront tes actes. Aussi, étant donné un individu, et un cas déterminé, il n'y a qu'une seule action de possible pour lui: « Operari sequitur esse. » La liberté n'appartient pas au caractère empirique, mais uniquement au caractère intelligible. L' « operari » d'un homme donné est déterminé, extérieurement par les motifs, intérieurement par son caractère, et cela d'une façon nécessaire: chacun de ses actes est un événement nécessaire. Mais c'est dans son « Esse » que se retrouve la liberté. Il pouvait *être* autre; et tout ce en quoi il est coupable ou méritant, c'est d'être ce qu'il est. Car quant à ce qu'il fait, cela en résulte, jusque dans le détail, comme un corollaire. — La théorie de Kant nous délivre vraiment d'une erreur capitale, qui était de faire résider la nécessité dans l'*esse* et la liberté dans l'*operari*; elle nous fait comprendre que c'est le contraire qui est vrai. Ainsi, la responsabilité morale de l'homme porte à vrai dire d'abord et ostensiblement sur ce qu'il fait, mais au fond, sur ce qu'il est; car ce dernier point une fois posé, et les motifs étant donnés, son acte ne pouvait être autre qu'il n'a été.

Mais si rigoureuse que soit la nécessité, avec laquelle, dans un caractère donné, les actes résultent des motifs, jamais personne, non pas même les partisans convaincus de cette théorie de la nécessité, ne se sont mis en tête de tirer de là une excuse, et de rejeter la faute sur leurs motifs : car, chacun le sait bien, au point de vue des faits mêmes et des causes occasionnelles, c'est-à-dire dans la réalité des choses, l'acte contraire était possible, elle aurait eu lieu, *si seulement lui, il avait été autre* qu'il n'est. Mais c'est d'être tel qu'il se révèle par son acte, et de n'être pas un autre, c'est là ce dont il se sent responsable : le point sensible à l'aiguillon de la conscience, c'est dans l'*esse* qu'il se trouve. Qu'est-ce en somme que la conscience ? C'est la connaissance que nous prenons de notre moi lui-même à force d'en considérer la conduite propre, et qui devient de plus en plus profonde. Aussi c'est à l'*esse* que la conscience s'en prend : l'*operari* n'est que l'occasion de ses reproches. Or, comme la *liberté* ne nous est révélée que par la *responsabilité*, là où se trouve celle-ci, doit être aussi la première : elle réside dans l'*esse*. Quant à l'*operari*, il tombe sous le coup de la nécessité. Maintenant, nous n'apprenons à nous connaître, nous-mêmes et les autres, que *par expérience*, nous n'avons pas de notre caractère une notion *a priori*. Au contraire, nous commençons par nous en faire une très-haute idée : car l'axiome « quisque præsumitur bonus, donec probetur contrarium (1) », vaut aussi dans notre prétoire intérieur.

REMARQUE.

Quiconque sait reconnaître l'essentiel d'une pensée même sous des costumes fort divers, verra, comme je fais moi-même, sous cette théorie kantienne des deux caractères, empirique et intelligible, la même idée, mais élevée à l'état abstrait, et par là éclaircie, qu'avait déjà Platon : seulement Platon, n'ayant pas

1. « Tout individu est présumé honnête, jusqu'à preuve du contraire. » (TR.)

connu le caractère idéal du temps, ne put l'exposer que sous les formes du temps, c'est-à-dire en un mythe, et sans la séparer de la métempsychose. Rien n'est plus fait pour mettre en lumière l'identité des deux doctrines, que l'explication et le commentaire si clairs et si précis, du mythe Platonicien dans Porphyre : ici l'accord du mythe avec la théorie abstraite de Kant ne peut plus être méconnu. D'un écrit de Porphyre, aujourd'hui perdu, il nous est parvenu un passage, où étudiant le mythe dont il s'agit, et qui se trouve dans le dixième livre de la *République* de Platon, seconde moitié (1), il en donne un commentaire précis et topique. Stobée nous l'a conservé en entier dans ses Ἐκλόγαι, chap. VIII, § 37-40 : le passage mérite grandement qu'on le lise. A titre d'échantillon, j'en vais citer un paragraphe qui est court, le 39e ; le lecteur qui s'y intéressera sera ainsi invité à prendre en main Stobée lui-même. Alors il le verra, le mythe de Platon peut être considéré comme une allégorie pour signifier la grande et profonde pensée, que devait exposer dans toute sa pureté abstraite, Kant en sa théorie du caractère intelligible et de l'empirique ; ainsi depuis bien des siècles déjà, Platon s'était élevé à cette idée ; même elle remonte bien plus haut encore, s'il faut croire avec Porphyre que Platon l'a empruntée aux Égyptiens. D'ailleurs elle se trouve déjà, avec la théorie de la métempsychose, dans le brahmanisme, qui est très-vraisemblablement la source où les prêtres égyptiens puisèrent leur sagesse. — Voici donc ce § 39 :

« Τὸ γὰρ ὅλον βούλημα τοιοῦτ' ἔοικεν εἶναι τὸ τοῦ Πλάτωνος, ἔχειν μὲν τὸ αὐτεξούσιον τὰς ψυχάς, πρὶν εἰς σώματα καὶ βίους διαφέρους ἐμπεσεῖν, εἰς τὸ ἢ τοῦτον τὸν βίον ἑλέσθαι, ἢ ἄλλον, ὃν, μετὰ ποίας ζωῆς καὶ σώματος οἰκείου τῇ ζωῇ, ἐκτελέσειν μέλλει (καὶ γὰρ λέοντος βίον ἐπ' αὐτῇ εἶναι ἑλέσθαι, καὶ ἀνδρός). Κἀκεῖνο μέντοι τὸ αὐτεξούσιον, ἅμα τῇ πρός τινα τῶν τοιούτων βίων πτώσει, ἐμπεπόδισται. Κατελθοῦσαι γὰρ εἰς τὰ σώματα, καὶ ἀντὶ ψυχῶν ἀπολύτων

1. C'est le mythe de Her l'Arménien. (TR.)

γεγονυῖαι ψυχαὶ ζώων, τὸ αὐτεξούσιον φέρουσιν οἰκεῖον τῇ τοῦ ζώου κατασκευῇ, καὶ ἐφ' ὧν μὲν εἶναι πολύνουν καὶ πολυκίνητόν, ὡς ἐπ' ἀνθρώπου, ἐφ' ὧν δὲ ὀλιγοκίνητον, καὶ μονοτρόπον, ὡς ἐπὶ τῶν ἄλλων σχέδον πάντων ζώων. Ἠρτῆσθαι δὲ τὸ αὐτεξούσιον τοῦτο ἀπὸ τῆς κατασκευῆς, κινούμενον μὲν ἐξ αὐτοῦ, φερόμενον δὲ κατὰ τὰς ἐκ τῆς κατασκευῆς γιγνομένας προθυμίας. » (Voici, pour résumer, quelle me semble avoir été la pensée de Platon : les âmes, avant qu'elles soient tombées dans des corps, et entrées dans diverses vies, ont la liberté de choisir entre telle et telle existence, pour ensuite l'accomplir, en se conformant à tel ou tel genre de vie, et dans un corps à ce convenable (car une âme peut choisir de vivre en lion, comme de vivre en homme). Mais cette liberté, une fois l'âme tombée dans l'une de ces diverses vies, est enchaînée. Descendues dans des corps, et devenues, d'âmes indépendantes, âmes de vivants, elles ont le genre de liberté qui est propre à la nature du vivant qu'elles sont, les unes une liberté pleine d'idées et mobile en divers sens, ainsi chez l'homme, les autres une liberté peu mobile et toute tournée d'un seul côté, comme chez presque tous les autres animaux. Cette liberté dépend de l'organisation du vivant, elle se meut par elle-même, mais elle se dirige suivant les désirs qui naissent de l'organisation.)

§ XI. — *La Morale de Fichte, prise comme miroir propre à grossir les défauts de la morale de Kant.*

En anatomie et en zoologie il est bien des choses que l'étudiant ne voit pas aussi clairement en examinant les sujets préparés ou naturels, que dans les gravures, où les détails sont un peu exagérés. De même ici, si quelque lecteur, après la critique que j'ai exposée dans les paragraphes précédents, n'est pas encore bien éclairé sur le néant des bases de la morale selon Kant, je vais lui offrir, pour l'aider à reconnaître ce point, la « *Doctrine des mœurs réduite en système* », de Fichte.

Dans le vieux théâtre de marionnettes allemand, à côté de l'empereur, ou du héros quel qu'il fût, on ne manquait pas de placer le Hanswurst (1) : chaque parole, chaque geste du héros, le Hanswurst les répétait aussitôt, à sa manière à lui, et en exagérant ; c'est ainsi que derrière notre grand Kant se tient l'auteur de la *Wissenschaftslehre* (la doctrine de la science), ou mieux *Wissenschaftsleere* (l'Absence de Science). Ce personnage avait déjà supérieurement réalisé un plan qui, avec un public comme celui qui en Allemagne s'occupe de philosophie, était très-naturel et digne d'approbation : d'ébahir les gens à l'aide d'une mystification philosophique, pour assurer à la faveur de cet événement sa fortune, et celle des siens ; et ce qui l'avait fait réussir, c'était surtout son procédé, d'*enchérir* en toute occasion sur Kant, d'en être comme le superlatif en chair et en os, enfin d'arriver par un grossissement de tous les points saillants à produire une pure caricature de la philosophie kantienne : c'est ce qu'il fit aussi en morale. Dans sa *Doctrine des mœurs réduite en système*, nous voyons l'impératif catégorique atteindre aux proportions d'un impératif despotique : l'obligation morale absolue, la raison législatrice, et le commandement du devoir se sont élevés au rang d'un *Destin moral*, d'une Nécessité insondable, qui exige que l'humanité agisse rigoureusement d'après certaines maximes (p. 308-309) ; à en juger par tout cet appareil moral, rien ne serait plus important : *en quoi?* c'est ce que personne ne peut découvrir. Tout ce qu'on voit, c'est que, si chez les abeilles réside un besoin de s'associer pour bâtir des cellules et une ruche, dans les homme doit résider quelque prétendu besoin, de s'associer pour jouer une immense comédie, étroitement morale, qui embrasse l'univers, où nous sommes les marionnettes et rien de plus. La seule différence, mais elle est grave, c'est que la ruche finit par venir à bien, tandis que la comédie morale de l'univers aboutit en réalité à une comédie fort immorale. Ainsi nous voyons ici le caractère impératif de la morale de Kant, la loi morale et le devoir absolu, poussés à l'extrême, jus-

1. Mot à mot : Jean-Saucisse. (TR.)

qu'à donner un *système de fatalisme moral*, qui développé, tourne enfin au comique (1).

Déjà, dans l'éthique de Kant, on surprend certaines traces d'un pédantisme de moraliste ; mais chez Fichte, tous les ridicules du pédant de morale s'étalent : riche matière pour le satiriste ! Comme exemple lisez les pp. 407-409, où est résolu ce cas de conscience célèbre, de deux hommes, dont il faut que l'un ou l'autre soit sacrifié. Et de même pour tous les défauts de Kant : nous les voyons là portés au superlatif : ainsi, p. 199 : « A agir par sympathie, par compassion, par *charité*, il n'y a absolument aucune moralité : ces actes, en tant que tels, vont contre la

1. Pour prouver ce que j'avance, je veux citer ici seulement quelques passages. P. 196 : « Le motif moral est absolu, il commande purement et simplement, sans intervention d'aucune fin différente de lui-même. » — P. 232 : « Selon la loi morale, l'être empirique, qui vit dans le temps, a pour devoir de devenir une expression exacte du moi primitif. » — P. 308 : « L'homme, tout entier, n'est que le véhicule de la loi morale. » — P. 342 : « Je ne suis qu'un instrument, un simple outil, pour la loi morale ; nécessairement donc, je ne suis pas une fin. » — P. 343 : « Tout individu est une fin, en ce qu'il est un moyen propre à réaliser la Raison : c'est là le but dernier de son existence : c'est pour cela seulement qu'il est, et si ce but ne doit pas être atteint, alors il n'a aucun besoin absolument d'exister. » — P. 347 : « Je suis un instrument de la loi morale dans le monde des sens ! » — P. 360 : « C'est la Raison qui commande que nous nourrissions notre corps, que nous le maintenions en santé : bien entendu, en un sens seulement, et pour un seul but : à savoir, en vue d'en faire un *instrument puissant* pour la réalisation de la Raison, prise comme fin. » (Cf. p. 371.) — P. 376 : « Tout corps d'homme est un instrument pour la réalisation de cette fin, la Raison : c'est pourquoi je dois prendre pour but un état où chacun de ces instruments aurait sa plus grande utilité : c'est pour cela que je dois prendre soin de tous. » Voilà sa façon de déduire la charité. — P. 377 : « Si je peux, si je dois m'occuper de moi-même, c'est en ma qualité d'*instrument de la loi morale*, et dans cette mesure seulement. » — P. 388 : « Quand un homme est persécuté, c'est un devoir absolu de le défendre, fût-ce au péril de notre propre vie : dès qu'une vie d'homme est en danger, nul n'a plus le droit de songer à sa propre sûreté. » — P. 420 : « Dans le domaine de la loi morale, je ne puis regarder les hommes mes compagnons que sous un aspect : comme des *instruments* de la Raison. »

morale. » — ! — P. 402 : « Ce qui doit nous déterminer à être serviables, ce n'est pas une bonté d'âme irréfléchie, mais la pensée claire de ce but à atteindre : la Raison devenant autant que possible cause de tout. » D'ailleurs à travers tous ces traits de pédant, la grossièreté qui est le propre de Fichte en philosophie, perce, éclate aux yeux, comme on pouvait s'y attendre d'un homme qui a trop enseigné pour avoir eu le temps d'apprendre : d'un air grave, il pose la liberté d'indifférence et l'établit sur les arguments les plus vulgaires (pp. 160, 173, 205, 208, 237, 259, 261). — Quand un homme ne s'est pas encore bien persuadé que le motif, agissant il est vrai par l'intermédiaire de la connaissance qu'on en a, est toutefois une cause comme toutes les causes; qu'ainsi il entraîne son effet nécessairement, comme toutes les causes; qu'enfin les actions des hommes se succèdent toutes selon un déterminisme rigoureux; cet homme est encore un philosophe mal dégrossi, et qui ne possède même pas les éléments. L'idée d'un enchaînement rigoureux des actions humaines, voilà la ligne de démarcation, qui sépare les têtes philosophiques d'avec le reste : et quand on le rapporte à ce critérium, Fichte laisse trop voir qu'il fait partie du reste. Il est bien vrai que suivant les traces de Kant (p. 303), il dit des choses en pleine contradiction avec le passage ci-dessus : cette contradiction, et tant d'autres qu'on trouve dans ses écrits, ne prouve qu'une chose : c'est qu'en homme pour qui la recherche de la vérité n'est pas une affaire sérieuse, il n'avait aucune croyance fondamentale solide ; et de quoi lui auraient-elles servi, pour ce qu'il se proposait ? Rien de plus risible, que de voir célébrer la sévère logique de cet homme, quand ce qu'on prend en lui pour de la logique, c'est simplement le ton d'un pédant qui démontre avec ampleur des trivialités.

Si l'on veut voir ce système de fatalisme moral, qui est celui de Fichte, développé de la manière la plus parfaite, il faut prendre son dernier écrit : *la Doctrine de la science déterminée dans ses contours essentiels*, Berlin, 1802 : cet écrit a l'avantage de n'avoir que 46 pages in-12, et de contenir néanmoins toute sa philosophie « in nuce » (1) ; aussi faut-il le recommander à ceux qui font trop de cas de leur temps, pour le gaspiller à la lecture des autres productions plus considérables de ce personnage, où l'on retrouve les longueurs ennuyeuses d'un Christian Wolff, et où l'on sent un désir de donner au lecteur des illusions, non des leçons. Donc dans ce petit écrit, on lit ceci : « La seule raison d'être d'une intuition du monde sensible, c'est que dans un tel monde, le moi devenait visible pour lui-même, en sa qualité de *sujet du devoir absolu.* » P. 33, nous voyons « qu'il était *moralement nécessaire* que la *nécessité morale* fût visible, » et p. 36 « qu'il *doit* m'être possible de voir que je *dois* ». — C'est là que devait conduire la forme impérative de la morale de Kant avec son devoir sans preuve, qu'elle avait obtenu comme un point d'arrêt, un « ποῦ στῶ » (2) très-commode ; et cela aussitôt après Kant.

D'ailleurs rien de ceci n'enlève à Fichte son mérite propre, qui fut, au moment où apparaissait la philosophie de Kant, ce chef-d'œuvre tardif de la pensée humaine en ce qu'elle a de profond, d'avoir, dans sa nation même, éclipsé, bien plus, supplanté cette philosophie, avec des gasconnades et des superlatifs, avec des extravagances, avec cette sottise, cachée sous un masque de sagesse profonde, qui est l'âme de ses « *Fondements de la théorie complète de la science* » ; et ainsi d'avoir appris au monde, par une preuve incontestable, ce que vaut la compétence du public philosophique allemand : il lui a fait jouer, à ce public, le rôle d'un enfant, à qui on prend des mains un joyau précieux, en lui offrant en échange un joujou de Nuremberg. C'est ainsi que sa gloire lui a été acquise, une gloire qui aujourd'hui encore vit à crédit ; et nous continuons à voir le nom de Fichte cité sans cesse à côté de celui de Kant, comme s'il ne s'en séparait pas, (Ἡρακλῆς καὶ πίθηκος ! Hercule et son singe !) quand encore on ne le

1. « Réduite au noyau. » (TR.)
2. « Un point où m'arrêter ! » (TR.)

mot pas au-dessus (1). Aussi son exemple a-t-il fait surgir tous ces personnages, inspirés du même esprit, et que le succès a pareillement couronnés, ses successeurs dans l'art de mystifier philosophiquement le public allemand : chacun les connaît, et ce n'est pas le lieu ici d'en parler plus au long, bien que leurs opinions respectives ne cessent pas d'être amplement exposées et gravement discutées par les professeurs de philosophie : comme si en eux, on avait sérieusement affaire à des philosophes ! C'est donc Fichte qu'il faut remercier, si des documents lumineux existent aujourd'hui, prêts pour le jour de la révision du procès, devant le tribunal de la postérité, cette cour de cassation des jugements des contemporains, et qui, presque en tous les temps, a dû faire pour le véritable mérite ce que le jugement dernier fera pour les saints.

1. Voici, à l'appui, un passage tiré d'un livre très-récent. M. Feuerbach, un hégélien (c'est tout dire : en français dans le texte (TR.), a, dans son livre intitulé *P. Bayle, Contribution à l'histoire de la Philosophie*, 1838, 80 p., été jusqu'à dire : « Plus sublimes encore que les idées de Kant sont celles de Fichte, telles qu'il les a exprimées dans sa Doctrine des Mœurs, et çà et là dans ses autres ouvrages. Le christianisme n'a rien qui pour le sublime puisse être mis à côté des idées de Fichte. »

CHAPITRE III

ÉTABLISSEMENT DE LA MORALE.

§ XII. — *Conditions du Problème.*

Ainsi le fondement sur lequel Kant a établi la morale, et qui depuis soixante ans, passait pour solide, s'abîme sous nos yeux dans ce gouffre profond, qui peut-être jamais ne sera comblé, des erreurs philosophiques : il se réduit, nous le voyons clairement, à une supposition insoutenable, et à un pur déguisement de la morale théologique. — Les tentatives antérieures pour fonder la morale peuvent encore moins nous satisfaire. C'est là, je l'ai dit, un point que je peux prendre pour admis. Ce n'est d'ordinaire qu'affirmation sans preuves, tout en l'air, et en même temps, comme on a vu par l'exemple de Kant même, subtilités artificielles, exigeant les distinctions les plus fines, assises sur les notions les plus abstraites, combinaisons pénibles, règles pour la recherche, propositions qui se tiennent en équilibre sur la pointe d'une aiguille, maximes perchées sur des échasses, du haut desquelles on perd de vue la vie réelle et ses tumultes. Tout cela est excellent, pour faire résonner les murs d'une salle, et exercer l'esprit à la pénétration : mais ce n'est pas de là que peut venir cette voix, bien réelle pourtant, qui se fait entendre en chaque homme, et qui l'invite à être juste et bon; ce n'est pas là de quoi tenir en échec nos tendances si fortes à l'injustice et à la dureté, ni enfin pour donner leur force légitime aux reproches de la conscience : car de les justifier par ceci, que ces maximes subtiles ont été transgressées, c'est vouloir les rendre ridicules. Non, pour qui traite les choses sérieusement, ces combinaisons artificielles de concepts ne peuvent plus contenir le vrai principe qui nous pousse à être justes et charitables. Ce principe bien plutôt doit demander peu de méditation, encore moins d'abstraction et de combinaison ; il doit, indépendamment de toute culture intellectuelle, s'offrir à chacun, aux plus simples des hommes, se révéler à la première intuition, et nous être comme imposé directement par la réalité des choses. Tant que l'éthique n'a pas à nous montrer une telle base, elle peut bien dans les salles publiques disputer, parader : la vie réelle la nargue. Je dois donc aux moralistes ce conseil paradoxal : commencez, s'il vous plait, par étudier un peu la vie.

§ XIII. — *Examen sceptique.*

Quand on songe à ces deux mille années et plus, consumées en efforts inutiles pour établir la morale sur de sûres assises, c'est une pensée qui peut bien venir à l'esprit, qu'il n'y a point de morale naturelle, point de morale indépendante de toute institution humaine : la morale serait donc une construction de fond en comble artificielle ; elle serait une invention destinée à mieux tenir en bride cette égoïste et méchante race des hommes ; et dès lors, sans l'appui que lui prêtent les religions positives, elle s'écroulerait, parce qu'il n'y a ni foi pour l'animer ni fondement naturel pour la porter. La justice en effet et la police ne peuvent suffire à leur tâche : il est des fautes qu'il serait trop malaisé de découvrir, ou trop périlleux de punir ; ici la protection officielle est impuissante. D'ailleurs, la loi civile peut bien imposer la justice, et encore c'est le plus qu'elle peut ; quant à la charité et à la bienfaisance, non pas : car alors chacun voudrait bien jouer le rôle passif ; mais le rôle actif, jamais. De là cette idée, que la morale reposerait sur la seule religion, toutes deux ayant pour but commun d'achever l'œuvre à laquelle ne suffit ni le statut fondamental de l'État, ni la législation. Dès lors une morale naturelle, une morale fondée dans la nature des choses ou de l'homme, sans plus, serait impossible : et l'on expliquerait ainsi la vanité des tentatives faites par les philosophes pour lui trouver une base. Cette opinion n'est pas sans vraisemblance : déjà les Pyrrhoniens la soutenaient : « οὔτε ἀγαθὸν τί ἐστί φύσει, οὔτε κακόν,

ἀλλὰ πρὸς ἀνθρώπων ταῦτα νόῳ κέκριται,

κατὰ τὸν Τίμωνα. » (« Il n'est rien qui soit bien ni mal par nature — mais cette distinction est établie par l'opinion des hommes, — selon Timon. ») (Sext. Empir. adv. Math., XI 140) ; et parmi les modernes, plus d'un esprit distingué s'y est rangé. Elle mérite donc qu'on l'examine avec soin, bien qu'il fût plus commode de s'en débarrasser en jetant de travers un coup d'œil d'inquisiteur dans la conscience de ceux en qui une telle pensée a pu s'élever. Ce serait tomber dans une grosse erreur, dans une erreur de jeune homme, de croire que toute action légitime et légale soit morale dans son principe. Mais bien plutôt, entre la justice extérieure telle que la pratiquent les hommes, et la véritable loyauté, il y a d'ordinaire le même rapport, qu'entre les formules de politesse et l'amour vrai du prochain, cette victoire non plus apparente, mais réelle cette fois, remportée sur l'égoïsme. Quant à ces sentiments d'équité, dont on fait partout étalage, et auxquels on ne veut pas que le doute ait le droit de toucher ; quant à cette indignation superbe, toujours en éveil et prête, sur la moindre apparence de soupçon, à prendre feu, à éclater, — il n'y a que les novices et les simples pour prendre tout cela comme argent comptant, pour y voir les marques d'une âme ou d'une conscience délicate. Cette honnêteté ordinaire, dont les hommes usent dans leurs relations, dont ils font le principe, le roc où est bâtie leur vie, à dire le vrai, elle a pour cause principale une double contrainte : d'abord, les lois établies, qui assurent à chacun dans l'étendue de son droit la protection de l'État ; ensuite le besoin évident pour chacun d'avoir un bon renom, de l'honneur au sens mondain, faute de quoi on ne peut faire son chemin : par là en effet, nous ne faisons jamais une démarche que l'opinion publique ne nous regarde : sévère, impitoyable, elle ne pardonne pas un faux pas, elle en garde rancune au coupable jusqu'à la mort ; c'est une tache ineffaçable. En quoi elle est vraiment sage : elle juge d'après le principe « Operari sequitur esse », convaincue qu'un caractère est chose immuable, et que, si un homme a agi *une fois* d'une certaine façon, il ne peut manquer, les circonstances se représentant, d'y revenir. Tels sont donc les deux gardiens qui veillent sur l'honnêteté publique ; eux absents, pour parler sans fard, nous ne serions plus que des vauriens, surtout en ce qui concerne le bien d'autrui : car dans la vie humaine, la propriété, c'est là le point central, le pivot essentiel de toute action, de tout désir. Pour ce qui est des raisons purement morales de rester honnête, à supposer qu'elles ne soient pas absentes, le plus souvent elles n'arrivent que par un long détour à s'appliquer aux questions de propriété de l'ordre civil. Elles ne s'appliquent d'abord et directement qu'aux problèmes de droit *naturel;* pour le droit *positif*, elles ne le concernent qu'indirectement, et en tant qu'il se fonde sur l'autre. Or le droit naturel se rapporte uniquement à la propriété acquise par le travail du propriétaire, à celle qu'on ne peut attaquer sans faire tort au propriétaire de la portion de ses forces qu'il y a dépensée, sans l'en dépouiller. — Quant au droit du premier occupant, je le repousse absolument ; mais ce n'est pas ici le lieu d'entreprendre cette réfutation (1). — Sans doute la propriété fondée en droit positif peut également, quoique à travers bien des intermédiaires, reposer en fin de compte sur le droit naturel de propriété. Mais quelle distance, le plus souvent, entre nos biens garantis par l'État, et cette source première, du droit naturel de propriété ! Le rapport est d'ordinaire fort difficile, impossible parfois, à démontrer : nos biens nous viennent par héritage, par mariage, par

1. Voir *le Monde comme volonté et comme représentation,* vol I; § 62, p. 396 ss. ; et vol. II, chap. XLVII, p. 682.

un gain à la loterie, par toute autre voie, jamais par le travail fait à la sueur de notre front ; c'est à des idées justes, à des inspirations, que nous les devons, à des spéculations, par exemple, parfois même à des coups de tête absurdes, mais que le hasard a favorisés, que le « Deus Eventus » a récompensés, glorifiés. Rarement sont-ils le fruit d'un travail, de soins véritables : et même alors, souvent il s'agit d'un travail d'esprit, tel que celui de l'avocat, du médecin, du fonctionnaire, du professeur, travail qui, aux yeux du vulgaire grossier, ne doit pas coûter grand' peine. Il faut des intelligences déjà fort cultivées, pour reconnaître dans une propriété de ce genre, le droit moral, pour la respecter en vertu de raisons toutes morales. — Aussi plus d'un, à part lui, ne voit dans les biens d'autrui que des possessions garanties par le seul droit positif. Si alors ils trouvent le moyen, soit en utilisant, soit simplement en tournant les lois, de dépouiller leur prochain, ils n'ont pas une hésitation : il leur semble que ce qui est venu par la flûte peut bien s'en aller par le tambour ; et leurs prétentions leur paraissent aussi bien fondées que celles du premier propriétaire. A voir les choses de ce biais, ils doivent croire que l'institution de la société n'a fait que substituer au droit du plus fort, le droit du plus habile. — Pourtant, il arrive parfois que *le riche* est un homme inviolablement attaché à la justice, soumis de tout son cœur à une règle et décidé à maintenir une maxime, à l'observance même de laquelle il doit tout son bien, et les avantages qui en sont la suite ; alors, très-sérieusement, il reste fidèle au principe : « Suum cuique (1) », et ne s'en écarte point. On rencontre des exemples de cette obéissance à la loi de la bonne foi et de la sincérité, jointe à un parti pris, de respecter pieusement cette loi ; et le tout, par ce seul motif, que la sincérité et la bonne foi sont les principes de tout libre commerce entre les hommes, du bon ordre, de la sûreté pour les propriétés ; grâce à quoi souvent il nous est avantageux à *nous-*

1. « A chacun ce qui lui revient. » (TR.)

mêmes qu'elles soient en honneur : il est donc bon de les conserver, même au prix de quelques sacrifices : quand on a une bonne terre, on n'hésite pas à y faire quelques dépenses. Mais ce produit-là, cette loyauté spéciale, ne peut guère se rencontrer que chez les gens à leur aise, ou qui du moins ont un bon métier; surtout chez les marchands, car ils voient le plus clairement du monde qu'il n'y a pas de sûreté pour les échanges, sans une confiance, un crédit mutuels : de là l'honneur du commerçant, chose si à part. — De son côté, le pauvre, qui ne peut joindre les deux bouts, et qui se voit, grâce à l'inégale distribution des biens, condamné à la gêne et à un dur travail, tandis que d'autres, sous ses yeux, vivent dans l'abondance et l'oisiveté, aura bien de la peine à reconnaître qu'une telle inégalité ait pour cause une inégalité correspondante dans les mérites, et dans les gains loyalement acquis. Or, *s'il n'accorde pas* ce point, où irait-il prendre les raisons purement morales, les raisons d'honnêteté, qui le détourneraient de mettre la main sur le superflu des autres? Le plus souvent, ce qui le retient, c'est la loi. Si donc un jour se présente une occasion, l'occasion si rare, où il pourra, sans craindre l'atteinte des lois, d'un seul coup, secouer le poids écrasant de la misère, plus écrasant encore pour qui a sous les yeux la richesse d'autrui, et se mettre en possession de jouissances si souvent enviées, où est alors la puissance qui lui retiendra la main ? Une religion avec ses dogmes ? Il est bien rare que la foi ait tant de force. Une raison purement morale, une raison d'honnêteté ? Peut-être, en quelques cas : mais d'ordinaire, ce sera le soin, si naturel à l'homme, même d'un petit esprit, le soin de sa réputation, de son honneur mondain; le danger si visible, d'aller, pour une seule faute de ce genre, se faire rejeter à jamais de la grande loge maçonnique des honnêtes gens, de ceux qui suivent la loi de l'honneur, qui pour prix se sont, sur toute la face de la terre, partagé les biens, et qui les possèdent ; le danger de se voir, pour une seule action malhonnête, traité, sa vie durant, par la bonne société, comme un paria, à qui nul désormais ne se fie, dont chacun fuit la compagnie, de qui, pour lui couper l'herbe sous le pied, on n'a qu'à dire : « Un chenapan qui a volé ! », ou qu'à répéter le proverbe : « Qui a volé, volera ! »

Tels sont les gardiens qui veillent sur notre équité extérieure: et quiconque a vécu, et n'a pas fermé les yeux, avouera qu'à eux seuls nous devons presque tout ce que les hommes montrent d'honnêteté dans leurs relations ; que même, il ne manque pas de gens, pour entretenir l'espoir d'échapper même à cette surveillance, et pour considérer l'honnêteté, la loyauté, comme une enseigne, un pavillon, à l'abri duquel la piraterie n'est que plus sûre. Il ne faut donc pas trop nous enflammer d'un saint zèle, monter sur nos grands chevaux, si par hasard un moraliste pose le problème, et dit : est-ce que la loyauté, l'honnêteté, au fond ne seraient pas toujours pure affaire de convention ? si, poursuivant son idée, il entreprend de ramener pareillement le reste de la morale à des causes éloignées, détournées, mais en fin de compte égoïstes, comme ont fait avec tant de force d'esprit d'Holbach, Helvétius, d'Alembert et d'autres du même temps. Pour la plupart des actes de justice cette explication est la vraie, elle est juste, et je l'ai fait voir précédemment. Quant aux actes de charité, ici encore, en bien des cas, elle est applicable, à n'en pas douter : ces actes souvent ont pour principe l'ostentation, la foi en une récompense future, et qui même équivaudra au carré, plutôt au cube du sacrifice, sans parler d'autres motifs aussi égoïstes. Toutefois, il n'est pas moins certain qu'il s'accomplit des actions inspirées par une charité désintéressée, par une équité spontanée. Faut-il des exemples de ces dernières ? je ne les prendrai pas dans le domaine de la conscience, mais de la seule expérience : tels sont ces cas, singuliers, et pourtant incontestables, où tout danger d'être atteint par les lois, même d'être découvert, ou seulement soupçonné, se trouvant écarté, toutefois on a vu le pauvre donner au riche ce qui revenait à ce dernier : ainsi, un objet a été perdu, et trouvé ; un dépôt a été remis à un individu par un tiers qui depuis est mort ; le dépôt, l'objet est restitué au propriétaire ; un étranger de passage confie en secret un dépôt à un pauvre homme : le dépôt est fidèlement gardé, puis rendu. Des faits pareils se voient, on n'en peut douter : mais notre surprise, notre émotion, notre respect, à la révélation de semblables faits, prouvent assez clairement qu'il faut les ranger parmi les exceptions, les raretés. Oui, il y a d'honnêtes gens : il y a aussi des trèfles à quatre feuilles ; mais Hamlet parle sans hyperbole, quand il dit : « To be honest, as this world goes, is to be one man pick'd out of ten thousand (1) » — On objectera que les actions dont il s'agit sont inspirées en fin de compte par certains dogmes religieux, c'est-à-dire par la pensée du châtiment et de la récompense à recevoir dans un autre monde : mais il y a aussi des cas, on pourrait le prouver, où l'acte n'a tenu en rien à aucune croyance et religieuse. Le fait n'est pas très-rare en soi ; ce qui est rare, c'est que l'opinion publique reconnaisse le fait.

Pour échapper à cet *état d'esprit sceptique*, on se réfugie dans la *conscience* d'abord. Mais la conscience elle-même a-t-elle son origine dans la nature ? Déjà le doute s'élève. Ce qui est sûr, à tout le moins, c'est qu'il y a aussi une « conscientia spuria (2) », et que souvent on la prend pour la vraie. Le regret, le chagrin d'un acte passé, n'est au fond, chez bien des gens, que la crainte des conséquences. Plus d'un, pour avoir transgressé des commandements étranges, arbitraires, dignes en somme de mépris, sent en lui je ne sais quoi qui le fait souffrir, qui lui adresse des reproches, qui enfin joue tout à fait la conscience. Exemple : le juif bigot (l'espèce n'est pas rare), qui se sent un poids sur le cœur, parce qu'au mépris du second livre de Moïse, où il est dit : chap. XXXV, 3 : « Vous ne devez point allumer de feu, au jour du sabbat, dans aucune de vos maisons », il a le samedi soir, chez lui, fumé une pipe. Plus d'une fois un gentilhomme, un

1. « A la façon dont va le monde, être honnête, c'est être un homme marqué entre dix mille. »
2. « Conscience bâtarde. » (TR.)

officier, a entendu ces reproches intérieurs, pour avoir en quelque occasion, manqué de suivre à la lettre les lois de ce Code des Fous, qu'on nomme Code de l'Honneur : c'est à ce point, que bien souvent un homme de cette condition, se voyant dans l'impossibilité de tenir la parole d'honneur qu'il avait donnée, ou encore de satisfaire à ce que le Code en question prescrit pour les querelles, s'est brûlé la cervelle. (J'ai vu des exemples de l'un et de l'autre cas.) Le même homme, toutefois, chaque jour, d'un cœur léger, manquera à sa parole : il suffit que le *Schiboleth :* parole « d'honneur », n'ait pas été prononcé en cette occasion. — D'une façon générale, une inconséquence, une imprudence quelconque, une action contraire à nos desseins, à nos principes, à nos convictions de toute espèce, une indiscrétion, une maladresse, une balourdise, nous laisse après elle un souvenir rongeur : c'est un aiguillon dans notre cœur. Bien des gens s'étonneraient, s'ils pouvaient voir de quels éléments cette conscience, dont ils se font une si pompeuse idée, se compose exactement : environ 1/5 de crainte des hommes, 1/5 de craintes religieuses, 1/5 de préjugés, 1/5 de vanité, et 1/5 d'habitude : en somme, elle ne vaut pas mieux que l'Anglais dont on cite ce mot : « I cannot afford to keep a conscience. » (« Entretenir une conscience, c'est trop cher pour moi. ») — Les personnes religieuses, quelle que soit leur confession, n'entendent fort souvent par ce mot de conscience, rien autre que les dogmes et les préceptes de leur religion, et le jugement qu'on porte sur soi-même en leur nom : c'est en ce sens qu'il faut entendre les mots intolérance ou *conscience imposée,* et *liberté de conscience.* C'est ainsi que le pensaient les théologiens, les scolastiques et les casuistes du moyen âge et des temps modernes : la *conscience d'un homme,* c'était ce qu'il connaissait de dogmes et de préceptes de l'Église, en y joignant ce principe, qu'il fallait croire aux uns et observer les autres. En conséquence, il y avait pour la conscience divers états : doute, opinion, erreur, etc., à quoi on remédiait en s'aidant d'un directeur de conscience. Veut-on savoir combien la notion de conscience, semblable en cela aux autres notions, tire peu de constance de son objet lui-même ; combien elle a varié avec les esprits ; combien, chez les écrivains, elle apparaît chancelante et mal assurée ? on le verra en un tableau abrégé, chez Stäudlin, *Histoire des Théories de la Conscience*. Tout cela n'est guère fait pour nous donner confiance en la réalité de cette notion, et c'est ainsi qu'est née la question, s'il y a vraiment une faculté à part, innée, telle que la conscience ? Déjà, au § 10, en exposant la théorie de la liberté, j'ai été amené à dire brièvement l'idée que je me fais de la conscience, et plus loin, j'y reviendrai encore.

Toutes ces difficultés, tous ces doutes ne nous autorisent pourtant pas à nier que la véritable moralité se rencontre : ils doivent seulement nous apprendre à ne pas compter outre mesure sur les instincts moraux de l'homme, ni par conséquent, sur la base que l'éthique peut trouver dans la nature : dans ce qu'on rapporte à cet instinct, il y a une part si grande, si incontestable, à faire à d'autres motifs ! et le spectacle de la corruption morale du monde nous montre si bien, que les instincts bons ne peuvent guère avoir de force, puisque (c'est là la raison principale) ils n'agissent souvent pas dans les occasions où les motifs opposés sont sans grande énergie ! A vrai dire, les traits particuliers qui distinguent les divers caractères, ont bien ici leur importance. Mais une chose vient ajouter encore du poids à cet aveu de la corruption des mœurs : c'est que cette corruption ne peut se manifester sans obstacles ni voiles, à cause des lois, à cause de la nécessité où est chacun de rester honorable, et même par l'effet de la simple politesse. Ajoutez enfin ceci : ceux qui élèvent les enfants se figurent qu'ils leur inculqueront la moralité, en leur dépeignant l'honnêteté et la vertu comme les règles mêmes que suit tout le monde : plus tard, quand l'expérience leur apprend, et souvent à leurs dépens, une tout autre leçon, alors ils découvrent que les maîtres de leurs jeunes ans ont été les premiers à les tromper, et cette découverte peut faire plus de tort en eux à la moralité, que n'eût pu en faire la franchise et la loyauté dont on leur eût donné un premier exemple, en leur disant : « Le monde est plein de mal ; les hommes ne sont point ce qu'ils devraient être : mais que cela ne t'induise pas en erreur ; toi, sois meilleur. » — Tout cela donc aggrave l'idée qu'il nous faut faire de l'immoralité réelle où vit l'espèce humaine. L'État, ce chef-d'œuvre de l'égoïsme bien entendu, raisonnable, de l'égoïsme totalisé de tous, a remis le soin de protéger les droits de chacun aux mains d'une puissance qui dépasse infiniment la puissance d'un individu quelconque, et qui le contraint à respecter les droits d'autrui. C'est ainsi que l'égoïsme sans bornes qui est chez presque tous, la méchanceté, qui existe chez beaucoup, la scélératesse qui se rencontre en plusieurs, ne peuvent percer : toutes ces forces sont enchaînées. De là une apparence qui nous trompe prodigieusement : aussi quand, la puissance protectrice de l'État étant réduite à l'impuissance ou éludée, comme il arrive parfois, nous voyons se révéler les appétits insatiables, l'avarice sordide, la fausseté profondément dissimulée, la méchanceté perfide des hommes, souvent nous reculons, nous poussons les hauts cris, nous croyons voir surgir un monstre encore inconnu aux regards humains : et pourtant, sans la contrainte des lois, le besoin qu'on a de l'estime publique, toutes ces passions seraient à l'ordre du jour. Il faut lire les histoires de crimes, ou les récits des époques anarchiques, pour savoir ce qu'est au fond l'homme, en fait de moralité. Ces milliers d'êtres qui sont là sous nos yeux, et qui se contraignent les uns les autres à respecter la paix dans leurs relations mutuelles, il y faut voir autant de tigres et de loups, mais dont les mâchoires sont maintenues par une forte muselière. Aussi, concevez la force publique anéantie une bonne fois, c'est-à-dire, la muselière enlevée, et avec le moindre effort d'intelligence, vous reculerez d'horreur devant le spectacle qui devra s'offrir alors ; c'est assez avouer que dans vous-mêmes, vous faites peu de fonds sur la religion, la conscience, sur la base naturelle de la morale, quelle qu'elle puisse être. Et pourtant c'est à ce moment-là que l'on verrait en face de ces forces ennemies de la morale, désormais libres, les instincts moraux, eux aussi, déployer leur puissance en plein jour, et révéler le mieux ce qu'ils peuvent; alors également se manifesterait sans voile la variété incroyable des caractères moraux, et, on le verrait, elle ne le cède en rien à celle des intelligences : ce qui n'est pas dire peu.

Peut-être m'objectera-t-on que la morale n'a pas à s'occuper de la conduite que les hommes tiennent; que cette science a à déterminer comment les hommes *doivent* se conduire. Mais c'est là justement le principe que je nie : j'ai assez fait voir, dans la partie critique de cet essai, que la notion du *devoir*, la *forme impérative* prise par la morale, n'appartiennent qu'à la morale théologique, et hors de là, perdent tous sens et toute valeur. Pour moi, tout au contraire, je propose à la morale ce but, d'exposer les diverses façons dont les hommes se conduisent, entre lesquelles, au point de vue du moraliste, les différences sont si grandes, de les expliquer, de les ramener à leurs principes derniers. Dès lors, pour découvrir le fondement de l'éthique, il n'y a qu'une route, celle de l'expérience : il s'agira de rechercher si absolument parlant, il se rencontre des actes, auxquels il faut reconnaître une *valeur morale véritable*, tels que seraient des actes d'équité spontanée, de charité pure, des actes inspirés par une réelle noblesse de sentiments. Il faudra ensuite les traiter comme des phénomènes donnés, qu'il s'agira d'expliquer correctement, c'est-à-dire, de ramener à leurs causes vraies ; donc nous aurons à découvrir les motifs propres qui décident les hommes à des actes de la sorte, si différents en espèce de tous les autres. Ces motifs, et la faculté d'en éprouver les effets, voilà quel sera le principe dernier de la moralité ; la connaissance de ce principe nous donnera le fondement de l'éthique. Telle est la route modeste que j'indique à la morale. Ceux qui, ne trouvant là ni construction *a priori*, ni législation absolue imposée à tous les êtres raisonnables *in abstracto*, rien de majestueux, rien de monumental, ni d'académique, n'en seront pas satisfaits, peuvent retourner aux impératifs catégoriques, au schiboleth de la « dignité de l'homme » ; aux creuses formules, aux tissus d'abstractions, aux bulles de savon des écoles; aux principes que l'expérience à chaque pas vient bafouer, dont personne, en dehors des salles de cours, n'a entendu parler, dont nul n'a la moindre expérience. Mais celui qui suivant ma voie, ira à la recherche du fondement de la morale, celui-là au contraire aura à ses côtés l'expérience, qui chaque jour, à chaque heure, témoignera en sa faveur.

§ XIV. — *Les Motifs* (1) *antimoraux.*

Chez l'homme comme chez la bête, entre tous les motifs, le plus capital et le plus profond, c'est l'*Égoïsme*, c'est-à-dire le désir d'être et de bien être. Le mot allemand *Selbstsucht* (amour-propre) éveille mal à propos une idée de maladie. *Eigennutz* (intérêt) indique bien l'égoïsme, mais l'égoïsme guidé par la raison, et devenu ainsi, avec l'aide de la réflexion, capable de se faire un *plan* pour arriver à ses fins : aussi peut-on appeler les bêtes égoïstes, mais non pas intéressées. Pour exprimer l'idée dans toute sa généralité, je continuerai donc à user du mot *égoïsme*.—L'égoïsme, chez la bête comme chez l'homme, est enraciné bien fortement dans le centre même de l'être, dans son essence : disons mieux, il est cette essence même. Par suite, règle générale, tous les actes d'un être ont leur principe dans l'égoïsme, c'est à l'égoïsme toujours qu'il faut s'adresser pour trouver l'explication d'un acte

1. Je prends la liberté de composer ainsi ce mot, contrairement aux règles, parce que le mot « antiéthique » manquerait de précision. Il y a bien les mots maintenant à la mode, de *Sittlich* et *unsittlich*, mais c'est là un mauvais synonyme pour *moralisch* et *unmoralisch :* en effet, d'abord l'idée de moralité est une idée scientifique, et pour de telles idées, c'est du grec ou du latin qu'il convient de tirer nos termes : j'en ai exposé les raisons dans mon ouvrage capital, vol. II, chap. XII, p. 134 ss. ; ensuite « sittlich » est plus faible, moins sévère ; à peine se distingue-t-il de « sittsam » (décent), ce qui dans le langage du peuple signifie « mijaurée ». Pas de concession au chauvinisme germain !

donné ; et à lui encore, pour découvrir tous les moyens qui servent à mener les hommes vers le but qu'on s'est proposé. L'égoïsme, de sa nature, ne souffre pas de bornes : c'est d'une façon absolue que l'homme veut conserver son existence, rester exempt de toute souffrance, et parmi les souffrances il compte tout ce qui est manque et privation ; il veut la plus grande somme possible de bien-être ; il veut posséder toutes les jouissances dont il est capable, et même il fait son possible pour s'ouvrir à des jouissances nouvelles. Tout ce qui s'oppose aux efforts de son égoïsme, excite son mécontentement, sa colère, sa haine : il y voit un ennemi à anéantir. Il veut, autant qu'il se peut, jouir de tout, posséder tout ; et n'y pouvant arriver, du moins il veut disposer de tout en maître : « Tout pour moi, rien pour les autres, » voilà sa devise. L'égoïsme est gigantesque : il déborde l'univers. Donnez à un individu le choix d'être anéanti, ou de voir anéantir le reste du monde : je n'ai pas besoin de dire de quel côté, le plus souvent, la balance pencherait. Chacun fait ainsi de lui-même le centre de l'univers ; il rapporte tout à soi ; les événements qui s'accomplissent devant lui, par exemple les grands revirements qui se font dans la destinée des peuples, il les juge d'abord d'après son intérêt dans l'affaire ; si petit, si éloigné que soit cet intérêt, c'est par là d'abord qu'il les comprend. Il n'est pas au monde de plus extrême contraste : d'une part cette attention profonde, exclusive, avec laquelle chacun contemple son moi, et de l'autre l'air d'indifférence dont le reste des hommes considère ce même moi ; le tout à charge de revanche. Le spectacle a son côté comique ; de voir cette foule innombrable d'individus, dont chacun regarde sa seule personne, au moins en pratique, comme existant réellement, et le reste en somme comme de purs fantômes. La cause de ceci est, en dernière analyse, en ce que chacun de nous se connaît *immédiatement*, et les autres *indirectement*, grâce à l'idée qu'il forme d'eux dans sa tête ; or la connaissance immédiate maintient son droit. De ce point de vue tout subjectif, et où reste nécessairement placée notre conscience, chacun est à lui-même l'univers entier : tout ce qui est objet n'existe pour lui qu'indirectement, en qualité de représentation du sujet ; si bien que rien n'existe, sinon en tant qu'il est dans la conscience. Le seul univers que chacun de nous connaisse réellement, il le porte en lui-même, comme une représentation qui est à lui ; c'est pourquoi il en est le centre. Par suite encore, chacun à ses yeux est le tout du tout : il se voit le possesseur de toute réalité ; rien ne peut lui être plus important que lui-même. Tandis que vu de son point de vue intérieur, son moi s'offre à lui avec ces dimensions colossales, vu du dehors, il se ratatine, devient quasi à rien : c'est à peu près 1 billionième de l'humanité contemporaine. En outre il sait, de science certaine, ceci : ce moi, qui à ses yeux vaut tout le reste et plus, ce microcosme, où le macrocosme ne surgit qu'à titre de modification, d'accident, ce microcosme qui est pour lui l'univers entier, doit disparaître par la mort, et ainsi la mort à ses yeux équivaut à la disparition de l'univers. Tels sont les éléments dont l'égoïsme, cette plante née de la volonté de vivre, se nourrit ; ainsi se creuse, entre chaque homme et son voisin, un large fossé. Si parfois, en fait, un de nous vient à le sauter pour aller au secours du voisin, c'est un cri : au miracle ! c'est un étonnement ! des éloges ! Déjà au § 8, en expliquant le principe de la morale selon Kant, j'ai eu l'occasion de montrer par quels signes l'égoïsme se révèle dans les actes quotidiens, comment en dépit de la politesse, sa feuille de vigne à lui, toujours il ressort par quelque coin. La politesse en effet, c'est une négation conventionnelle, systématique, de l'égoïsme, dans les petits détails du commerce ordinaires ; c'est une hypocrisie reconnue, mais qui n'en est pas moins imposée, louée : car ce qu'elle cache, l'égoïsme, est une chose si repoussante, qu'on ne veut pas le voir, même quand on sait bien qu'il est là-dessous ; de même pour les objets déshonnêtes, on veut au moins savoir qu'ils sont recouverts d'un voile. — L'égoïsme, quand il ne trouve la voie barrée ni par une force extérieure, et sous ce nom il faut comprendre aussi toute crainte inspirée par une puissance de la terre ou de plus haut, ni par des idées vraiment morales, poursuit ses fins sans avoir égard à rien : dès lors, parmi cette multitude innombrable d'égoïstes, ce qu'on verrait à l'ordre du jour, ce serait : « bellum omnium contra omnes (1), » et tous en pâtiraient. Aussi, après un peu de réflexion, la Raison imagine-t-elle bientôt d'instituer l'État : l'État, né de la crainte mutuelle que les hommes s'inspirent par leurs forces respectives, prévient les effets désastreux de l'égoïsme général, autant du moins que peut le faire un pouvoir tout *limitatif*. Mais que les deux agents à lui opposés perdent leur efficacité, aussitôt l'égoïsme se montre, dans sa redoutable grandeur : et le phénomène n'est pas beau à voir ! En cherchant à exprimer brièvement la force de cet agent ennemi de la moralité, j'avais songé à dépeindre d'un trait l'égoïsme dans toute sa grandeur, et je tâchais de trouver à cet effet quelque hyperbole assez énergique ; je finis par prendre celle-ci : plus d'un individu serait homme à tuer son semblable, simplement pour oindre ses bottes avec la graisse du mort. Mais un scrupule m'est resté : est-ce bien là une hyperbole ? — L'*Égoïsme*, voilà donc le premier et le principal, mais non toutefois le seul ennemi, qu'ait à combattre le *motif moral*. On voit déjà assez que pour lutter contre un pareil adversaire, il faut quelque chose de réel, non pas une formule curieusement subtile, ni quelque bulle de savon *à priori*. — A la guerre, avant tout, ce qu'il faut, c'est de connaître l'ennemi. Or, le combat actuel, l'égoïsme, qui à lui seul vaut plus que tous ses alliés, s'opposera surtout à cette vertu, la justice, la première, à mon sens, des vertus cardinales, et digne par excellence de ce nom.

Quant à la vertu de la *Charité*, l'adversaire qu'elle rencontrera le plus souvent, c'est la *malveillance* ou la *haine*. Considérons donc d'abord l'origine et les degrés de la première. La *malveillance* dans l'état encore faible, est très-fréquente, presque ordi-

1. « La guerre de tous contre tous, » formule de Hobbes. (TR.)

naire ; et elle s'élève aisément aux degrés supérieurs. Goethe a bien raison de le dire : dans ce monde, l'indifférence et l'aversion sont comme chez elles (*Les affinités électives*, Ire partie, chap. III). Il est bien heureux pour nous, que la prudence et la politesse jettent leur manteau là-dessus, et nous empêchent de voir combien générale et réciproque est la malveillance, et combien le « bellum omnium contra omnes » est en vigueur, du moins entre les esprits. D'ailleurs parfois le fond se découvre : par exemple, aux heures, si fréquentes, où la médisance se donne cours, impitoyablement, en l'absence des victimes. Mais où il se voit le plus à plein, c'est dans les éclats de la colère : parfois ils sont hors de toute proportion avec la cause occasionnelle ; et d'où tireraient-ils tant de force, si, pareille à la poudre dans le fusil, la colère n'avait été comprimée, à l'état de haine longtemps couvée dans le secret ? — Une des grandes causes de la malveillance, ce sont les conflits qui, à chaque pas, inévitablement, éclatent entre les égoïsmes. Elle trouve aussi dans les objets, des excitants : c'est le spectacle des fautes, des erreurs, des faiblesses, des folies, des défauts et des imperfections de toute sorte, que chacun de nous expose, en nombre plus grand ou moindre, du moins en quelques occasions, aux yeux des autres. Spectacle tel, qu'à plus d'un homme, aux heures de mélancolie, d'hypocondrie, le monde apparaît, du point de vue esthétique, comme un musée de caricatures ; du point de vue intellectuel, comme une maison de fous ; et du point de vue moral, comme une auberge de chenapans. Quand cette humeur persiste, elle s'appelle misanthropie. — Enfin une source, des plus puissantes, de la malveillance, c'est l'envie ; pour dire mieux, elle est la malveillance même, excitée par le bonheur, les biens et autres avantages que nous voyons chez autrui. Nul n'en est exempt, et déjà Hérodote l'a dit (III, 80) : « Φθονος ἀρχῆθεν ἐμφύεται ἀνθρώπων. » (« Depuis l'origine, l'envie est innée chez les hommes. ») Mais elle souffre bien des degrés. Jamais elle n'est plus impardonnable, ni plus venimeuse, que lorsqu'elle s'en prend aux qualités de la personne même : car alors il ne reste plus d'espoir à l'envieux ; jamais elle n'est plus avilissante : car elle nous fait haïr ce que nous devrions aimer et honorer. Mais c'est ainsi que vont les choses :

> « Di lor par più, che d'altri, invidia s'abbia,
> Che per stessi son levati a volo,
> Uscendo fuor della commune gabbia. » (1).

s'écrie déjà Pétrarque. Si l'on veut voir l'envie étudiée plus longuement, on pourra prendre les *Parerga*, 2° vol., § 114. — A certains égards la *joie maligne* est le pendant de l'envie. Toutefois, ressentir de l'envie, cela est d'un homme ; jouir d'une joie méchante, cela est d'un démon (2). Pas d'indice plus infaillible d'un cœur décidément mauvais, d'une profonde corruption morale, que le fait d'avoir une seule fois savouré paisiblement, de toute son âme, une telle joie. De celui qui y a été pris, il faut à jamais se méfier : « Hic niger est ; hunc tu, Romane, caveto (3). » — En soi, l'envie et la joie maligne sont des dispositions toutes théoriques : dans la pratique, elles deviennent la méchanceté et la cruauté. L'égoïsme, lui, peut nous conduire à des fautes et des méfaits de toute sorte : mais le mal et la souffrance que par là nous infligeons aux autres sont pour l'égoïsme un pur moyen, non un but : il ne les cause donc que par accident. La méchanceté et la cruauté, au rebours, font des souffrances et des douleurs d'autrui leur but propre : atteindre ce but, voilà leur joie. Aussi faut-il y voir un degré plus profond dans la perversité morale. La maxime de l'égoïsme extrême est : « Neminem juva ; imo omnes, si forte conducit (il y a toujours une condition), læde. » La maxime de la méchanceté est : « Omnes, quantum potes,

1. L'envie, à plus qu'à nuls autres, s'attaque à ceux
Qui de leurs propres ailes se sont envolés,
Et fuient loin de la cage commune.

2. Allusion à la formule situé au moyen âge contre les hérétiques : « Errare humanum est ; perseverare autem diabolicum. » « Se tromper est d'un homme ; s'opiniâtrer, d'un démon. » (TR.)

3. « Celui-là est noir, celui-là, Romain, garde-toi de lui. » (TR.)

fæde. » — Si la joie maligne n'est qu'une disposition théorique à la cruauté, la cruauté n'est que cette disposition mise en pratique : l'une et l'autre se manifesteront à la première occasion.

De poursuivre dans le détail les vices qui naissent de ces deux facteurs premiers, c'est une recherche qui serait à sa place dans une éthique complète, non ici. Il faudrait alors déduire de l'*égoïsme* la gourmandise, l'ivrognerie, la luxure, le souci de nos intérêts, l'avidité, l'avarice, l'iniquité, la dureté de cœur, l'orgueil, la vanité, etc. — et de l'*esprit de haine*, la jalousie, l'envie, la malveillance, la méchanceté, la disposition à se réjouir du mal, la curiosité indiscrète, la médisance, l'insolence, la violence, la haine, la colère, la traîtrise, la rancune, l'esprit de vengeance, la cruauté, etc. — Le premier principe est plutôt bestial ; le second, plutôt diabolique. C'est toujours l'un de ces deux qui l'emporte, ou bien l'autre, excepté là où dominent les principes moraux dont on parlera plus loin : de là les grandes lignes d'une classification morale des caractères. D'ailleurs, il n'est aucun homme qui ne rentre dans l'un de ces trois genres.

J'en ai fini avec cette effroyable revue des puissances antimorales, qui rappelle celle des princes des ténèbres dans le Pandémonium de Milton. Mais mon plan l'exigeait : je devais considérer ces côtés sombres de la nature humaine. En cela ma voie s'écarte peut-être de celle de tous les autres moralistes : elle ressemble à celle de Dante, qui d'abord conduit aux enfers.

Quand on a ainsi embrassé d'un coup d'œil les tendances contraires à la moralité, on voit combien c'est un problème difficile, de découvrir un motif capable de résister à ces instincts si fort enracinés dans l'homme, capable de nous conduire dans une voie toute opposée ; ou bien, si l'expérience nous offre des exemples d'hommes engagés dans cette voie, quelle difficulté c'est, de rendre raison de ces faits, d'une façon satisfaisante et naturelle. Si malaisé est le problème, que pour le résoudre au profit de l'humanité prise en masse, toujours on a dû s'aider de machines empruntées à un autre monde : Toujours on s'est adressé à des dieux, dont les commandements et les défenses déterminaient toute la conduite à tenir, et qui d'ailleurs pour appuyer ces ordres, disposaient de peines et de récompenses, dans un autre monde où la mort nous transportait. Admettons qu'on puisse rendre générale une croyance de la sorte, comme il est en effet possible si on l'imprime dans les esprits encore très-tendres ; admettons encore cette thèse, qui n'est pas aisée à établir, et que les faits ne justifient guère, qu'une telle discipline produise les résultats attendus ; tout ce qu'on obtiendrait, ce serait de rendre les actions des hommes conformes à la légalité, cela même en dehors des limites où se renferment la police et la justice ; mais il n'y aurait là, chacun le sent bien, rien de semblable à ce que nous appelons proprement la moralité des intentions. Évidemment tout acte inspiré par des motifs de ce genre aurait sa racine dans le pur égoïsme. Comment serait-il question de désintéressement, quand je suis pris entre une promesse de récompense qui me séduit, et une menace de châtiment qui me pousse ? Si je crois fermement à une récompense dans un autre monde, il ne peut plus s'agir que de traites à tirer à plus longue échéance, mais avec une garantie meilleure. Les pauvres qu'on satisfait ne manquent pas de vous promettre pour l'autre monde une récompense qui vous paiera mille fois : un harpagon même pourrait là-dessus distribuer force aumônes, bien persuadé qu'en ce faisant il s'assure un bon placement, et qu'en l'autre monde il ressuscitera dans la peau d'un Crésus. — Pour la masse du peuple, des exhortations de ce genre peuvent suffire : et c'est pourquoi les diverses religions, ces métaphysiques à l'usage du peuple, les lui répètent. Encore faut-il remarquer ici, que nous nous trompons parfois aussi bien sur les motifs de nos propres actes, que sur ceux d'autrui : aussi, plus d'un qui, pour se rendre raison de ses plus nobles actions, ne sait qu'invoquer des motifs de l'ordre dont il s'agit, en réalité se décide par des causes bien plus nobles et plus pures, mais dont il est bien plus malaisé aussi de se rendre compte, et fait par amour du prochain tels actes qu'il ne peut s'expliquer sinon par sa soumission envers

Dieu. Mais la Philosophie, ici, comme partout, cherche la vraie, la dernière solution, la solution qui se trouve dans la nature même de l'homme, une solution indépendante de toute forme mythique, de tout dogme religieux, de toute hypostase transcendante : elle prétend la découvrir dans l'expérience, soit extérieure, soit intérieure. Or la présente question est d'ordre philosophique ; il nous faut donc rejeter absolument toute solution subordonnée à une foi religieuse : et si j'ai rappelé de pareilles solutions, c'est uniquement pour mettre en lumière toute la difficulté du problème.

§ 15. — *Le Critérium des actions revêtues d'une valeur morale.*

La première question serait celle-ci, qui relève de l'expérience : s'il se rencontre en fait des actions inspirées d'un sentiment de justice spontanée et de charité désintéressée, capable d'aller jusqu'à la noblesse, jusqu'à la grandeur. Malheureusement l'expérience ne suffit pas pour en décider : ce que l'expérience saisit, c'est l'*acte* seulement ; les *motifs* échappent au regard : il reste donc toujours possible que dans un acte de justice ou de bonté, un motif d'égoïsme ait eu sa part. Je ne me permettrai pas de recourir à un procédé qui n'est pas loyal, d'aller, dans une étude de théorie, m'adresser à la conscience du lecteur et la charger de tout. Mais à ce que je crois, il y a bien peu d'hommes pour douter du fait, pour n'avoir pas éprouvé par eux-mêmes, au point de s'en convaincre, que souvent on est juste à cette seule et unique fin, de ne pas faire tort à autrui ; qu'il y a des gens en qui c'est comme un principe inné, de faire à chacun son droit, qui par suite ne touchent jamais à ce qui revient à autrui ; qui ne songent pas à leur intérêt sans plus, mais ont en même temps égard aux droits des autres ; qui acceptant la réciprocité des obligations, ne veillent pas seulement à ce que chacun *s'acquitte* de son dû, mais à ce que chacun *reçoive* aussi son dû, ; cela parce qu'en hommes justes, ils ne veulent pas que personne perde avec eux. Ce sont les *véritables hommes d'honneur*, les rares *Æqui* (justes) dispersés dans la foule innombrable des *Iniqui* (injustes). Cependant il se rencontre de ces hommes. On m'accordera également, je pense, que plus d'un sait aider, donner, prêter, renoncer à une créance, sans que dans son cœur on puisse trouver une autre pensée sinon de venir en aide à tel individu dont il voit la détresse. Arnold von Winkelried, alors qu'il s'écrie: « En avant! mes bons confédérés, ayez soin de ma femme et de mes enfants (1), » en attirant à lui tout ce qu'il peut saisir dans ses deux bras de piques ennemies, Winkelried eut-il alors une pensée d'intérêt ? Le croie qui pourra. Pour moi, je ne saurais. — Quant à des exemples d'équité spontanée, qu'on ne saurait récuser sans esprit de chicane et sans obstination, déjà j'en ai signalé au § 13. — Mais si toutefois quelqu'un persistait à me nier la réalité d'actes pareils, dès lors à ses yeux, la morale serait une science sans objet réel, pareille à l'Astrologie et à l'Alchimie ; et ce serait perdre son temps que de plus disputer sur les principes de cette science. J'aurais donc à rompre ici avec lui. Je m'adresse maintenant à ceux qui admettent la réalité de ces faits.

Il n'y a donc que les actes du genre dont j'ai parlé, auxquels on reconnaisse proprement une valeur *morale*. Le propre, la caractéristique de ces actes, c'est, croyons-nous, qu'ils excluent cet ordre de motifs, dont s'inspirent tous les actes des hommes, les motifs d'*intérêt*, au sens large du mot. Ainsi il suffit d'un motif intéressé qu'on découvre derrière un acte, s'il a agi seul, pour enlever à l'acte toute sa valeur morale, et s'il n'a été que secondaire, pour le ravaler. Donc l'absence de tout motif égoïste, voilà le *critérium de l'acte qui a une valeur morale*. On pourrait bien objecter, que les actes de pure méchanceté, de pure cruauté, sont eux aussi *désintéressés* : mais il est clair qu'il ne peut s'agir de ces actes ici, puisqu'ils sont l'opposé même des actes en question. Si

1. Schopenhauer cite le texte même des paroles attribuées à Winkelried, en haut-allemand : « Trüwen, lieben Eidgenossen, wullt's minem Wip und Kinde gedenken. » (TR.)

cependant on tient à une définition rigoureuse, on n'a qu'à excepter expressément ces actions, à l'aide de ce caractère, qui leur est essentiel, d'avoir pour but la souffrance d'autrui. — Un autre caractère tout intime, dès lors moins évident, des actes revêtus d'une valeur morale, c'est de laisser après eux en nous un contentement qu'on nomme l'approbation de la conscience ; tandis qu'aux actes contraires d'injustice et d'insensibilité, et plus encore à ceux de méchanceté et de cruauté, répond un jugement tout contraire, prononcé en nous et sur nous. Enfin un caractère secondaire et accidentel, c'est encore que les actions du premier genre provoquent l'approbation et le respect des spectateurs désintéressés ; les autres, les sentiments opposés.

Ces actions moralement bonnes étant ainsi définies, et nous étant accordées pour réelles, maintenant il nous faut les traiter comme un phénomène à nous proposé, et qu'il s'agit d'expliquer ; donc il faut chercher ce qui peut pousser les hommes à des actes de la sorte ; si nous venons à bout de cette recherche, nous aurons nécessairement mis au jour les véritables motifs moraux, et comme c'est sur ces motifs que doit s'appuyer toute éthique, notre problème sera résolu.

§ 16. — *Détermination et démonstration du seul motif moral véritable.*

Tout ce qui précède n'était qu'une préparation nécessaire ; maintenant j'arrive à démontrer le vrai motif qui se trouve au fond de toute action moralement bonne : ce motif, on va le voir, sera tel, si sérieux, si indubitablement réel, qu'il laissera bien loin derrière lui toutes les subtilités, les curiosités, les sophismes, les affirmations en l'air, les bulles de savon *a priori*, d'où les systèmes connus jusqu'ici avaient voulu faire naître les actions morales, et surgir les fondements de l'éthique. Ce motif moral, je ne veux pas le proposer, l'*affirmer* arbitrairement, je veux *prouver* qu'il est le seul possible ; or cette démonstration exige un long enchaînement de raisons: je pose donc ici par avance quelques prémisses qui serviront de point de départ à toute l'argumentation; on peut les prendre comme des *axiomes*, hormis les deux dernières, qui se fondent sur les analyses précédentes.

1. — Nulle action ne peut se produire sans un motif suffisant, non plus qu'une pierre ne peut se mouvoir, sans un choc ou une attraction suffisante.

2. — De même, une action, dès qu'il existe un motif suffisant, eu égard au caractère de l'agent, pour la provoquer, ne peut manquer de se produire, à moins qu'un motif contraire et plus fort n'en rende l'omission nécessaire.

3. — Ce qui met la volonté en mouvement, ne peut être que le bien ou le mal en général, le bien ou le mal pris au sens le plus large de ces mots, comme aussi déterminé « par rapport à une volonté, à laquelle l'un est conforme, l'autre contraire. » Donc tout motif doit avoir quelque rapport au bien et au mal.

4. — En conséquence, toute action se rapporte, comme à sa fin dernière, à quelque être susceptible d'éprouver le bien ou le mal.

5. — Cet être est ou bien l'agent lui-même, ou bien un autre; dans ce dernier cas, cet autre est soumis à l'action, en qualité de *patient*, et en ce que l'action tourne à son détriment, ou à son profit et avantage.

6. — Toute action, dont la fin dernière est le bien et le mal de l'agent, s'appelle *égoïste*.

7. — Tout ce qui est dit ici des actions, s'applique également aux omissions, dans les cas où viennent s'offrir des motifs pour et contre.

8. — En conséquence de l'analyse exposée dans les paragraphes précédents, l'*égoïsme* et *valeur morale*, en fait d'actions, sont termes qui s'excluent. Un acte a-t-il pour motif un but égoïste? il ne peut avoir aucune valeur morale. Veut-on qu'un acte ait une valeur morale? qu'il n'ait pour motif, direct ou indirect, prochain ou éloigné, aucune fin égoïste.

9. — En conséquence du § 5, où sont éliminés les prétendus

devoirs envers nous-mêmes, l'importance morale d'une action ne peut dépendre que de l'effet produit sur autrui : c'est seulement par rapport à autrui qu'elle peut avoir une valeur morale ou mériter des reproches, être un acte de justice et de charité, ou bien le contraire.

Par ces prémisses ce qui suit est évident : Le *bien* et le *mal* dont la pensée doit (voir la prémisse 3) se retrouver au fond de toute action ou omission, car ils en sont la fin dernière, touchent ou bien l'agent lui-même, ou bien un autre, celui qui est intéressé dans l'acte à titre de patient. Dans le premier cas, nécessairement l'acte est *égoïste* : il a pour principe un motif d'intérêt. Tel est le cas, non-seulement quand on agit en vue de son propre intérêt et profit, comme il arrive le plus souvent, mais aussi bien quand de l'acte qu'on accomplit, on attend quelque effet éloigné, soit dans ce monde, soit dans l'autre, mais qui concerne l'agent ; quand on a en vue de l'honneur pour soi, une bonne renommée à acquérir, le respect d'un homme à gagner, la sympathie du spectateur, etc. ; et de même absolument, quand, par tel acte, on se propose de maintenir une certaine maxime, et que, de l'établissement de cette maxime parmi les hommes, on a lieu d'espérer quelque bien *pour soi-même*, en de certaines occurrences : ainsi la maxime de la justice, celle qu'il se faut entr'aider, etc. ; — la chose est pareille, quand, en face d'un commandement absolu, émané d'une puissance à vrai dire inconnue, mais évidemment supérieure, nous jugeons sage d'obéir : car alors ce qui nous pousse c'est purement *la crainte* des conséquences fâcheuses de la *désobéissance*, et il n'importe que ces conséquences s'offrent à nous seulement d'une façon vague et indéterminée ; — ou bien, quand on veut, avec une conscience plus ou moins claire de ce qu'on fait, sauvegarder la haute opinion qu'on a de soi, de sa dignité, de sa valeur, et qu'il faudrait abandonner, cruelle blessure à notre orgueil ; — ou enfin quand, selon les principes de *Wolff*, on se propose en cela de travailler à se perfectionner. Bref, qu'on suppose à une action, comme cause dernière, le motif qu'on voudra : ce sera toujours, en fin de compte, et par des détours plus ou moins longs, *le bien et le mal de l'agent lui-même*, qui aura tout mis en branle ; l'action sera donc *égoïste*, et par suite *sans valeur morale*. Il est un cas, un seul, qui fasse exception : C'est quand la raison dernière d'une action ou omission réside dans *le bien et le mal* d'un autre être, « intéressé à titre de patient » : alors l'agent, dans sa résolution ou son abstention, n'a rien d'autre en vue, que la pensée du bien et du mal de cet autre ; son seul but, c'est de faire que cet autre ne soit pas lésé, ou même reçoive aide, secours et allégement de son fardeau. C'est cette *direction de l'action* qui *seule* peut lui imprimer un caractère de bonté morale ; ainsi tel est le propre de l'action, positive ou négative, moralement bonne, d'être dirigée en vue de l'avantage et du profit d'*un autre*. Autrement, *le bien et le mal* qui en tout cas inspirent l'action ou l'abstention, ne peuvent être que le bien et le mal de l'agent lui-même ; dès lors elle ne peut être qu'égoïste et destituée de toute valeur morale.

Or, pour que mon action soit faite uniquement *en vue d'un autre*, il faut que *le bien de cet autre soit pour moi, et directement, un motif*, au même titre où *mon bien à moi* l'est d'ordinaire. De là une façon plus précise de poser le problème : comment donc le bien et le mal d'un autre peuvent-ils bien déterminer ma volonté directement, à la façon dont seul à l'ordinaire, agit mon propre bien? Comment ce bien, ce mal, peuvent-ils devenir mon motif, et même un motif assez puissant pour me décider parfois à faire passer en seconde ligne et plus ou moins loin derrière, le principe constant de tous mes autres actes, mon bien et mon mal à moi? — Évidemment, il faut que cet autre être devienne la *fin dernière* de mon acte, comme je la suis moi-même en toute autre circonstance : il faut donc que je veuille son bien et que je ne veuille pas son mal, comme je fais d'ordinaire pour mon propre bien et mon propre mal. A cet effet, il est nécessaire que je compatisse à son mal à lui, et comme tel; que je sente son mal, ainsi que je fais d'ordinaire le mien. Or, c'est supposer que par un moyen quelconque je suis *identifié* avec lui, que toute différence entre moi et autrui est détruite, au moins jusqu'à certain point, car c'est sur cette différence que repose justement mon égoïsme. Mais je ne peux me glisser *dans la peau* d'autrui : le seul moyen où je puisse recourir, c'est donc d'utiliser la *connaissance* que j'ai de cet autre, la représentation que je me fais de lui dans ma tête, afin de m'identifier à lui, assez pour traiter, dans ma conduite, cette différence comme si elle n'existait pas. Toute cette série de pensées, dont voilà l'analyse, je ne l'ai pas rêvée, je ne l'affirme pas en l'air; elle est fort réelle, même elle n'est point rare; c'est là le phénomène quotidien de la *pitié*, de cette *participation* tout immédiate, sans aucune arrière-pensée, d'abord aux *douleurs* d'autrui, puis et par suite à la cessation, ou à la suppression de ces maux, car c'est là le dernier fond de tout bien-être et de tout bonheur. Cette pitié, voilà le seul principe réel de toute justice *spontanée* et de toute *vraie* charité. Si une action a une valeur morale, c'est dans la mesure où elle en vient : dès qu'elle a une autre origine, elle ne vaut plus rien. Dès que cette pitié s'éveille, le bien et le mal d'autrui me tiennent au cœur aussi directement que peut y tenir d'ordinaire mon propre bien, sinon avec la même force : entre cet autre et moi, donc, plus de différence absolue.

Certes, le fait est étonnant, mystérieux même. C'est là en vérité le grand mystère de la morale ; c'est pour elle, le fait primitif, la pierre de borne : seule la métaphysique, avec ses spéculations, peut aventurer ses pas au delà. En ces moments-là, cette ligne de démarcation, qui nous apparaît à la lumière naturelle (comme les vieux théologiens appelaient la Raison), et qui sépare l'être de l'être, nous la voyons, cette ligne, s'effacer : le non-moi jusqu'à certain point devient le moi. D'ailleurs, ici, nous ne toucherons point à l'interprétation métaphysique du phénomène ; notre tâche sera d'abord de voir si tous les actes de justice spontanée et de véritable charité suivent vraiment cette même marche. Alors notre problème sera résolu : nous aurons fait voir dans la nature humaine le fondement dernier de la moralité : d'expliquer ce fondement lui-même, ce ne peut plus être là un problème de morale : comme toute réalité considérée *en tant que telle*, il ne fournit matière à recherche qu'à la seule *métaphysique*. Or l'interprétation métaphysique du fait premier de la morale, dépasse déjà la question proposée par la Société Royale ; dans cette question il s'agit seulement de la base de l'éthique, et l'autre problème, en tout cas, n'y peut être ajouté que comme un appendice à prendre ou à laisser. — Toutefois, avant que j'entreprenne de déduire du principe que je propose les vertus cardinales, je dois placer ici deux remarques essentielles.

1. — Pour la commodité de l'exposition, tout à l'heure, quand j'ai par déduction découvert la pitié, cette unique source des actions moralement bonnes, j'ai simplifié mon exposé en laissant de côté, à dessein, un motif, *la méchanceté*, qui, désintéressée d'ailleurs comme la pitié, prend pour fin dernière la souffrance d'autrui. Mais maintenant nous pouvons en tenir compte, et alors résumer dans une forme plus parfaite et plus rigoureuse la démonstration de tout à l'heure :

Il n'y a que trois motifs généraux auxquels se rapportent toutes les actions des hommes : c'est seulement à condition de les éveiller qu'un autre motif quelconque peut agir. C'est :

a. L'*égoïsme* : ou la volonté qui poursuit son bien propre (il ne souffre pas de limites) ;

b. La *méchanceté*, ou volonté poursuivant le mal d'autrui (elle peut aller jusqu'à l'extrême cruauté) ;

c. La *pitié*, ou volonté poursuivant le bien d'autrui (elle peut aller jusqu'à la noblesse et à la grandeur d'âme).

Il n'est pas d'action humaine qui ne se réduise à l'un de ces trois principes ; toutefois, il peut arriver que deux y concourent. Or, nous avons admis qu'il se rencontre en fait des actions moralement bonnes : il faut donc qu'elles sortent de l'une de ces trois sources. Or, d'après la prémisse 8, elles ne peuvent naître du premier motif, encore moins du second : car celles qu'inspire ce dernier sont toutes moralement blâmables ; et quant à celles qu'inspire le premier, elles sont en parties indifférentes pour la morale. Donc nécessairement, elles résultent du troisième : proposition qui trouvera par la suite sa confirmation *a posteriori*.

2. — Notre sympathie ne s'adresse d'une façon directe qu'aux seules *douleurs* des autres ; leur *bien-être* ne l'éveille pas, du moins pas directement : en lui-même il nous laisse indifférents. C'est ce que dit Rousseau dans l'*Émile* (livre IV) : « Première maxime : Il n'est pas dans le cœur humain de se mettre à la place des gens qui sont plus heureux que nous, mais seulement de ceux qui sont plus à plaindre. »

La raison en est, que la douleur, la souffrance, et sous ces noms il faut comprendre toute espèce de privation, de manque, de besoin, et même de désir, est l'*objet positif, immédiat, de la sensibilité*. Au contraire le propre de la satisfaction, de la jouissance, du bonheur, c'est d'être purement la cessation d'une privation, l'apaisement d'une douleur, et par suite d'agir *négativement*. Et c'est bien pour cela que le besoin et le désir sont la condition de toute jouissance. Déjà Platon l'avouait, et faisait exception pour les parfums et les plaisirs de l'esprit, sans plus (Rep. IX, p. 264 sq. de l'édition Bipont.) Voltaire de son côté dit: «Il n'est de vrais plaisirs qu'avec de vrais besoins. » Ainsi ce qui est positif, ce qui de soi-même est manifeste, c'est la douleur ; la satisfaction et la jouissance, voilà le négatif : elles ne sont que la suppression de l'autre état. Telle est la raison qui fait que seuls, la souffrance, la privation, le péril, l'isolement d'autrui, éveillent par eux-mêmes et sans intermédiaire notre sympathie. *En lui-même*, l'être heureux, satisfait, nous laisse indifférents ; pourquoi ? parce que son état est négatif : c'est l'absence de douleur, de privation, de misère. Certes, nous pouvons nous réjouir du bonheur, du bien-être, du plaisir d'autrui : mais c'est là un fait secondaire et indirectement produit ; il tient à ce que d'abord nous nous sommes émus de leurs douleurs et de leurs privations. Ou bien encore si nous participons à la joie et au bonheur d'un autre, ce n'est point parce qu'il est heureux, mais parce qu'il est notre fils, notre père, notre ami, notre parent, notre serviteur, notre subordonné, et ainsi de suite, mais par lui-même le spectacle de l'homme heureux et dans le plaisir ne nous persuaderait point de prendre part à ses sentiments, comme fait celui de l'homme malheureux, dans la détresse ou la souffrance. Et de même, *quand il s'agit de nous*, il faut en somme une douleur, en comprenant par là aussi le besoin, le manque, le désir, l'ennui même, pour exciter notre activité ; la satisfaction et le contentement nous laissent dans l'inaction, dans un repos indolent : pourquoi n'en serait-il pas de même quand il s'agit des autres ? car enfin si nous participons à leur état, c'est en nous identifiant à eux. Aussi voit-on que le spectacle du bonheur et de la joie des autres est fort propre à exciter en nous l'envie, chaque homme y étant déjà assez disposé, et c'est là un agent que nous avons compté tout à l'heure parmi les adversaires de la moralité.

Pour faire suite à l'explication de la pitié, telle que je l'ai donnée plus haut, et par laquelle on y voit un état d'âme dont le motif unique est la souffrance d'autrui, il me reste à écarter l'erreur si souvent répétée de Cassina (Saggio analitico sulla compassione (1), 1788 ; traduit en allemand par Pokel, 1790) : pour Cassina, la compassion naît d'une illusion momentanée de l'imagination ; nous nous mettrions à la place du malheureux, et dans notre imagination, nous croirions ressentir en *notre propre* personne *ses* douleurs à lui. Il n'en est rien ; nous ne cessons pas de voir clairement, que le patient, c'est lui, non pas nous : aussi c'est dans sa personne, non dans la nôtre, que nous ressentons la souffrance, de façon à en être émus. Nous pâtissons *avec* lui, donc *en* lui : nous sentons *sa* douleur comme si elle était *nôtre*, et nous n'allons pas nous figurer qu'elle soit nôtre : au

1. Essai analytique sur la compassion. (TR.)

contraire, plus notre propre état est heureux, plus par conséquent il fait contraste avec celui du patient, et plus nous sommes accessibles à la pitié. Mais d'arriver à expliquer comment ce phénomène si important est possible, ce n'est pas chose facile quand on suit la voie de la pure psychologie, comme fit Cassina. Il n'y a que la voie métaphysique pour réussir : dans la dernière partie de cet écrit, je tâcherai d'y entrer.

Maintenant je vais entreprendre de montrer comment les actions revêtues d'une valeur morale vraie sortent de la source que j'ai indiquée. La maxime générale de ces actes, qui est aussi le principe suprême de l'éthique, je l'ai énoncée dans la section précédente : c'est la règle : « Neminem læde ; imo omnes, quantum potes, juva. » Cette maxime comprend deux parties : en conséquence, les actions correspondantes se divisent naturellement en deux classes.

§ 17. — *Première vertu : la Justice.*

Considérons d'un peu plus près cet enchaînement de faits, qui nous a paru tout à l'heure le phénomène premier en morale, la pitié : dès le premier coup d'œil, on découvre deux degrés possibles dans ce phénomène, de la souffrance d'autrui devenant pour moi un motif direct, c'est-à-dire devenant capable de me déterminer à agir ou à m'abstenir : au premier degré, elle combat les motifs d'intérêt ou de méchanceté, et me retient seulement d'infliger une souffrance à autrui, de créer un mal qui n'est pas encore, de devenir moi-même la cause de la douleur d'un autre ; au degré supérieur, la pitié, agissant d'une façon positive, me pousse à aider activement mon prochain. Ainsi la distinction entre les devoirs de droit strict et les devoirs de vertu, comme on les appelle, ou pour mieux dire, entre les devoirs de justice et les devoirs de charité, qui chez Kant est obtenue au prix de tant d'efforts, ici se présente tout à fait d'elle-même : ce qui est en faveur de notre principe. C'est la ligne de démarcation naturelle, sacrée et si nette, entre le négatif et le positif, entre le respect de ce qui est inviolable, et l'assistance. Les termes en usage, qui distinguent des devoirs de droit strict et des devoirs de vertu, ces derniers appelés encore devoirs de charité, devoirs imparfaits, ont un premier défaut : ils mettent sur un même plan le genre et l'espèce ; car la justice, elle aussi, est une vertu. En outre, ils impliquent une extension exagérée de la notion de devoir : plus loin je dirai les limites vraies où il faut la renfermer. A la place des deux classes de devoirs ci-dessus nommées, je mets deux vertus, la justice et la charité, et je les appelle cardinales, parce que de celles-là, toutes les autres découlent en pratique et se déduisent en théorie. L'une et l'autre a sa racine dans la compassion naturelle. Or cette compassion elle-même est un fait indéniable de la conscience humaine, elle lui est propre et essentielle ; elle ne dépend pas de certaines conditions, telle que notions, religions, dogmes, mythes, éducation, instruction ; c'est un produit primitif et immédiat de la nature, elle fait partie de la constitution même de l'homme, elle peut résister à toute épreuve, elle apparaît dans tous les pays, en tous les temps ; aussi est-ce à elle qu'on en appelle en toute confiance, comme à un juge qui nécessairement réside en tout homme ; nulle part elle n'est comptée parmi les « dieux étrangers ». Au contraire, si elle manque à quelqu'un, celui-là on le nomme un inhumain ; et de même « humanité » bien souvent est pris pour synonyme de pitié.

L'efficacité de ce motif moral vrai et naturel est donc, au premier degré, toute *négative*. Primitivement, nous sommes tous inclinés à l'injustice et à la violence, parce que nos besoins, nos passions, nos colères et nos haines s'offrent à notre conscience tout directement, et qu'ils y possèdent en conséquence le *Jus primi occupantis* (1) ; au contraire les souffrances que notre injustice et notre violence ont causées à autrui, ne s'offrent à notre esprit que par une voie détournée, à l'aide de la *représentation* ;

1. Droit du premier occupant. (TR.)

encore faut-il que l'expérience ait précédé : elles arrivent donc à nous *indirectement*. Aussi Sénèque dit-il : « Ad neminem ante bona mens venit, quam mala (1). » (Ep. 50.) Tel est donc le mode d'action de la pitié, en son premier degré : elle paralyse ces puissances ennemies du bien moral, qui habitent en moi, et ainsi épargne aux autres les douleurs que je leur causerais ; elle me crie : Halte ! elle couvre mes semblables comme d'un bouclier, les protège contre les aggressions que, sans elle, tenterait mon égoïsme ou ma méchanceté. C'est ainsi que naît de là pitié, au premier degré, la maxime « neminem læde », c'est-à-dire le principe de la justice : ici seulement, et nulle part ailleurs, se trouve la source pure de cette vertu, source vraiment morale, franche de tout mélange ; tirée d'ailleurs, la justice serait toute faite d'égoïsme. Que mon âme s'ouvre, dans cette mesure seulement, à la pitié : et la pitié sera mon frein, en toute occasion où je pourrais, pour atteindre mon but, employer comme moyen la souffrance d'autrui ; et il n'importe que cette souffrance doive résulter de mon acte sur-le-champ ou bien plus tard, directement ou à travers des moyens termes. Dès lors je serai aussi incapable de porter atteinte à la propriété qu'à la personne de mon semblable, de le faire souffrir dans son âme que dans son corps : je m'abstiendrai donc de lui faire aucun tort matériel, même de lui apprêter aucune souffrance morale, en le chagrinant, en l'inquiétant, le dépitant, le calomniant. La même pitié me retiendra de sacrifier à mon plaisir le bonheur de toute la vie d'une personne du sexe féminin, de séduire la femme d'autrui, de perdre au moral et au physique des jeunes gens, en les dégradant jusqu'à la pédérastie. Toutefois, il n'est pas du tout nécessaire que dans chaque occasion particulière la pitié elle-même soit éveillée : d'autant que plus d'une fois elle arriverait trop tard ; seulement à une âme bien née, il suffit qu'une fois pour toutes ait apparu l'idée claire des souffrances qu'inflige à autrui toute action in-

1. « Il n'est personne à qui les bonnes intentions s'offrent avant les mauvaises. » (TR.)

juste, sans parler de ce sentiment de l'injustice endurée, de la violence soufferte, qui accroît encore la douleur : aussitôt naît en elle cette maxime : « neminem lædo », et ce commandement de la raison s'élève jusqu'à devenir une résolution ferme, durable, de respecter le droit de chacun, de ne se permettre aucune aggression contre le droit, de se garder pour n'avoir jamais à se reprocher la souffrance d'autrui, enfin de ne pas rejeter sur autrui, par ruse ou par force, le fardeau et les maux de la vie, quelque lot que nous imposent les circonstances ; de porter notre part, pour ne pas doubler celle des autres. Sans doute, les *principes,* les idées abstraites, ne sont en général point la source vraie de la moralité ; ils n'en sont pas la vraie base ; pourtant ils sont indispensables à qui veut vivre selon la morale : ils sont le barrage, le réservoir (1), où quand s'ouvre la source de la moralité, source qui ne coule pas sans cesse, viennent s'amasser les bons sentiments, et d'où, l'occasion venue, ils vont se distribuer où il faut par des canaux de dérivation. Il en est des choses morales comme du corps, sujet de la physiologie, en qui l'on voit, par exemple, les vésicules du fiel, réservoir de la sécrétion du foie, jouer un rôle indispensable, pour ne pas citer bien d'autres cas semblables. Sans des *principes* solidement établis, dès que nos instincts contraires à la morale seraient excités par des impressions extérieures jusqu'à devenir des passions, nous en deviendrions la proie. Savoir se tenir ferme dans ses principes, y rester fidèle, en dépit de tous les motifs contraires, c'est *se commander soi-même.* C'est ici la cause pourquoi les femmes, dont la raison plus faible est moins propre à comprendre les principes, à les maintenir, à les ériger en règles, sont communément bien audessous des hommes pour ce qui est de cette vertu, la justice, et par suite aussi, de la loyauté et de la délicatesse de conscience ; pourquoi l'injustice et la fausseté sont leurs péchés ordinaires, et le mensonge leur élément propre ; pourquoi, au contraire, elles

1. En français dans le texte. (TR.)

dépassent les hommes en *charité* : en effet ce qui éveille la charité frappe d'ordinaire les *sens* mêmes, excite la pitié : et les femmes sont décidément plus que nous sensibles à la pitié. Mais pour elles, rien n'existe réellement que ce qui s'offre aux yeux, la réalité présente et immédiate : ce qui n'est connu que par des concepts, ce qui est lointain, absent, passé, futur, elles se le représentent mal. Ainsi là encore il y a compensation : la justice est plutôt la vertu des hommes ; la charité, des femmes. A la seule idée de voir à la place des hommes, les femmes gouverner, on éclate de rire ; mais les sœurs de charité ne sont pas de leur côté moins supérieures aux frères hospitaliers. Quant à la *bête*, comme les notions abstraites, ou de raison, lui font défaut, elle n'est capable d'aucune résolution, bien moins de principes, ou d'*empire sur elle-même* : elle est livrée sans défense à ses impressions, à ses appétits. Aussi n'est-elle nullement susceptible de *moralité* accompagnée de conscience, bien que les espèces, et même dans les races supérieures, les individus aient des degrés fort divers de bonté ou de malice. — En conséquence donc, si l'on considère une à une les actions du juste, la pitié n'y a qu'une part indirecte, elle agit par l'intermédiaire des principes, elle n'est pas tant ici *actu* que *potentia* (1); de même, en statique, la supériorité de longueur d'une des branches du levier fait que ses mouvements sont plus *rapides*, grâce à quoi une masse plus faible y fait équilibre à une plus forte qui est de l'autre côté : dans l'état de repos cette longueur, pour n'agir que *potentia*, n'agit pas moins réellement que *actu*. Néanmoins, la pitié est toujours là, prête à se manifester *actu* : et quand par hasard la maxime de notre choix, la maxime de justice, vient à faiblir, alors il faut qu'un motif vienne à la rescousse, qu'il ranime les bonnes résolutions : or nul n'y est plus propre (toute raison d'égoïsme à part) que ceux qu'on puise à la source même, dans la pitié. Et cela non pas seulement quand il s'agit de tort fait aux personnes, mais même aux pro-

1. Pas tant en acte qu'en puissance. (TR.)

priétés : ainsi quand un homme qui a fait une trouvaille de prix commence d'éprouver ce plaisir tentateur, de la garder ; alors (si l'on met de côté toutes les raisons de prudence et de religion), rien ne le ramène plus aisément dans le chemin de la justice, que de se figurer l'inquiétude, le chagrin, les cris du malheureux qui a perdu l'objet. Chacun sent cette vérité : aussi souvent le crieur public qui réclame de l'argent perdu ajoute-t-il cette assurance, que celui qui l'a perdu est un pauvre homme, un domestique, par exemple.

Si peu vraisemblable que soit la chose au premier coup d'œil, toutefois après ces réflexions il est clair, je pense, que la justice, elle aussi, la justice véritable, libre, a sa source dans la pitié. Quelques-uns peut-être trouveront que c'est là un sol bien maigre, pour nourrir à lui seul une telle plante, une vertu cardinale si grande, si à part : qu'ils s'en souviennent, ceux-là, elle est bien petite, la quantité de justice vraie, spontanée, pure d'intérêt, sans fard, qu'on trouverait parmi les hommes ; si on la rencontre, c'est comme une étonnante exception ; et quand on la compare à son succédané, à cette justice née de la simple prudence, et dont on fait partout si grand bruit, l'une est à l'autre, en qualité et en quantité, comme l'or est au cuivre. Cette dernière, je pourrais l'appeler δικαιοσύνη πάνδημος, l'autre οὐρανία (1), car celle-ci est celle dont parle Hésiode, et qui, à l'arrivée de l'âge d'or, quitte la terre, et s'en va habiter parmi les dieux du ciel. Pour une telle plante, si rare, et qui sur terre n'est jamais qu'exotique, la racine que nous avons fait voir, c'est bien assez.

L'*injustice*, ou l'*injuste*, consiste par suite à *faire du tort* à autrui. Donc la notion de l'injustice est *positive*, et celle du juste, qui vient après, est *négative*, et s'applique seulement aux actes qu'on peut se permettre sans faire tort aux autres, sans leur faire *injustice*. Il faut joindre à la même classe tout acte dont l'unique

1. Justice populaire, et justice céleste. Allusion à la Vénus populaire et à la Vénus céleste de Platon, dans le *Banquet*. (TR.)

but est d'écarter une tentative d'injustice : la chose se voit assez d'elle-même. Car il n'y a pas de sympathie, pas de pitié, qui puisse m'imposer de me laisser violenter par lui, de souffrir qu'il me fasse injustice. Déjà on voit assez combien la notion de *droit* est négative, et celle de *tort*, qui lui fait pendant, positive, par l'explication que donne de cette notion Hugo Grotius, le père de la philosophie du droit, au début de son ouvrage : « Jus hic nihil aliud, quam quod justum est, significat, idque negante magis sensu, quam ajente, ut jus sit, quod injustum non est. » (*De jure belli et pacis*, L. I, c. 1, § 3) (1). Une autre preuve du caractère négatif qui, malgré l'apparence, est celui de la justice, c'est cette définition triviale: « Donner à chacun ce qui lui appartient. » Si cela lui appartient, on n'a pas besoin de le lui donner ; le sens est donc : « Ne prendre à personne ce qui lui appartient. » — La justice ne commandant rien que de négatif, on peut l'imposer : tous en effet peuvent également pratiquer le « neminem læde ». La puissance coërcitive, ici, c'est *l'État*, dont l'unique fin est de protéger les individus les uns contre les autres, et tous contre l'ennemi extérieur. Quelques philosophailleurs allemands, tant notre époque est vénale ! ont tâché de le transformer en une entreprise d'éducation et d'édification morales : on sent là-dessous le jésuite aux aguets, prêt à supprimer la liberté des personnes, à entraver l'individu dans son développement propre, pour le réduire à l'état de rouage dans une machine politique et religieuse à la chinoise. C'est par cette route qu'on aboutit jadis aux inquisitions, aux auto-da-fé, aux guerres de religion. Quand Frédéric le Grand disait : « Sur mon territoire, je veux que chacun puisse chercher son bonheur à sa guise, » il entendait qu'il n'y ferait jamais obstacle. Nous n'en voyons pas moins, aujourd'hui même, et partout (il y a une exception : l'Amérique du Nord ; mais l'exception est plus apparente que réelle), l'État entreprendre de

1. « Le mot droit ici signifie simplement ce qui est juste, et a un sens plutôt négatif que positif : en sorte que le droit, c'est ce qui n'est pas injuste. » (Du droit de paix et de guerre, etc.) (TR.)

pourvoir aussi aux besoins métaphysiques de ses membres. Les gouvernements semblent pour principe avoir adopté le mot de Quinte-Curce : « Nulla res efficacius multitudinem regit, quam superstitio : alioquin impotens, sæva, mutabilis ; ubi vana religione capta est, melius vatibus, quam ducibus suis paret » (1).

Les notions de *tort* et de *droit* signifient donc autant que *dommage* et *absence de dommage*, en comprenant sous cette dernière expression l'acte d'éloigner un dommage : ces notions sont évidemment indépendantes des législations, et les précèdent : il y a donc un droit purement moral, un droit naturel, et une doctrine pure du droit ; pure, c'est-à-dire indépendante de toute institution positive. Les principes de cette doctrine ont, à vrai dire, leur origine dans l'expérience, en ce qu'ils apparaissent à la suite de la notion de *dommage* : mais en eux-mêmes, ils sont fondés dans l'entendement pur : c'est lui qui *a priori* nous met en main cette formule : « causa causæ est causa effectus (2) » ; dont le sens ici et que si j'accomplis tel acte pour me protéger contre l'agression d'un autre, je ne suis pas la cause première de cet acte, mais bien lui ; donc je peux m'opposer à tout empiétement de sa part, sans lui faire injustice. C'est comme la loi de la réflexion transportée dans le monde moral. Ainsi, réunissez ces deux éléments, la notion empirique du dommage, et cette règle fournie par l'entendement pur, et aussitôt apparaissent les deux notions capitales, du droit et du tort : ces notions, chacun les forme *a priori*, puis dès que l'expérience lui offre une occasion, il les applique. Si quelque empiriste le nie, il suffit de lui rappeler, à lui qui n'écoute que l'expérience, l'exemple des sauvages : ils savent avec justesse, souvent même avec finesse et précision, distinguer le tort du droit : rien de plus sensible, dans leurs rap-

1. « Rien de meilleur pour mener la multitude, que la superstition. Sans la superstition, elle est emportée, cruelle, changeante : une fois séduite par les mensonges d'une religion, elle obéit mieux à ses sorciers, qu'elle ne faisait à ses chefs. » (TR.)

2. « La cause de la cause est aussi cause de l'effet. » (TR.)

ports avec les navigateurs européens, dans leurs trocs, leurs autres arrangements, leurs visites aux vaisseaux. Quand leur droit est bon, ils sont hardis et pleins d'assurance; le droit est-il contre eux, les voilà tout timides. Dans les contestations, ils s'accordent volontiers à un juste accommodement; mais une menace imméritée suffit pour les mettre en guerre. — La *doctrine du droit* est une partie de la morale: elle détermine les actes que nous devons ne pas faire, si nous voulons ne pas causer du dommage aux autres, ne pas leur faire injustice. La morale en cette affaire considère donc l'*agent* de l'action. Le législateur, lui, s'occupe aussi de ce chapitre de la morale, mais c'est en considérant le *patient* : il prend donc les choses à rebours, et dans les mêmes actions, il voit des faits que nul ne doit avoir à souffrir, puisque nul ne doit éprouver l'injustice. Puis l'État, contre ces agressions, élève comme un rempart les lois, et crée le droit positif. Son but est de faire que nul ne *souffre* l'injustice : celui de la doctrine morale du droit, de faire que nul ne *commette* l'injustice (1).

Les actes d'injustice se ressemblent tous quant à la *qualité* : c'est toujours un dommage fait à autrui, dans sa personne, sa liberté, ses biens ou son honneur. Mais la *quantité* d'injustice peut y varier beaucoup. Cette variabilité dans la *grandeur de l'injustice*, il ne me paraît pas que les moralistes l'aient encore assez étudiée: mais dans la pratique, tous savent en tenir compte, et mesurent là-dessus le blâme dont ils frappent le coupable. De même pour les actions justes. Je m'explique : un homme qui, se voyant près de mourir de faim, vole un pain, commet une injustice; mais combien elle est peu de chose, au regard de celle du riche qui, par un moyen quelconque, dépouille un pauvre de ses dernières ressources. Le riche qui paie ses journaliers, fait acte de justice : mais que cette justice est peu de chose, comparée à celle

1. On trouvera exposée tout au long la doctrine du droit dans *le Monde comme volonté et comme représentation*, vol. I, § 62.

du pauvre, qui trouve une bourse d'or, et de lui-même la rapporte au riche. Comment mesure-t-on cette variable si importante, la *quantité* de justice ou d'injustice des actes (la qualité demeurant constante)? La mesure ici n'est pas absolue ni directe, comme quand on recourt à une échelle de proportion, mais indirecte et relative, comme est celle du sinus et de la tangente. Voici la formule convenable à cet effet : la grandeur de l'injustice de mon acte est égale à la grandeur du mal infligé à autrui, divisée par la grandeur du profit que j'en retire ; — et de même la grandeur de la justice de mon action est égale à la grandeur du profit que j'aurais pu retirer du dommage d'autrui, divisée par la grandeur du préjudice que j'en aurais moi-même ressenti. — Il y a encore une autre sorte : *l'injustice redoublée* : elle diffère en espèce de l'injustice simple, quelle que soit la grandeur de celle-ci ; voici à quoi on la reconnait : en face d'une injustice quelconque, le témoin désintéressé éprouve une indignation, qui est en raison de la grandeur de l'injustice ; mais cette indignation n'atteint son plus haut degré qu'en face de l'injustice redoublée : alors, elle la déteste, elle y voit un crime prodigieux, qui crie vengeance au ciel, une abomination, un ἄγος (1), devant lequel les dieux mêmes voilent leur face. Il y a injustice redoublée, quand un homme a accepté expressément l'obligation d'en protéger un certain autre en telle chose déterminée, si bien que de négliger cette obligation ce serait déjà faire tort au protégé, donc commettre une injustice, et quand ensuite, non content de cela, le protecteur lui-même attaque et lèse celui qu'il devait protéger, et dans la chose où il lui devait protection. Ainsi, quand le gardien constitué, ou le guide d'un homme, se fait meurtrier, quand l'homme de confiance devient voleur, quand le tuteur dépouille le pupille, quand l'avocat prévarique, quand le juge se laisse corrompre, quand celui à qui je demande conseil, me donne avec intention un conseil funeste ; — tous actes que l'on enveloppe

1. Sacrilège. (TR.)

sous ce mot, la *trahison ;* la chose qui est en exécration à l'univers entier : aussi Dante place-t-il les traîtres dans le cercle le plus profond de son enfer, là où demeure Satan lui-même. (Inf. XI, 61 66.)

Je viens de parler d'obligation : aussi bien, c'est le lieu ici de préciser une idée dont on fait grand usage dans la morale comme dans vie : celle de l'*obligation morale,* du *devoir.* Toute injustice, nous l'avons vu, consiste à causer du dommage à autrui, soit dans sa personne, soit dans sa liberté, ses biens ou son honneur. D'où il suit, ce semble, que toute injustice comporte une agression positive, un acte. Toutefois il y a des actes dont la seule *omission* constitue une injustice : ces actes se nomment *devoirs.* Telle est la vraie définition philosophique du devoir: et cette idée perd tout sens propre et s'évanouit, quand, à l'exemple des moralistes jusqu'à ce jour, on se met à appeler devoir tout ce qui est louable, comme si l'on oubliait que là où il y a *devoir,* il y a aussi *dette.* Le devoir, τὸ δέον, , *Pflicht, duty,* (1) est donc *un acte dont la simple omission par moi cause à autrui un dommage, c'est-à-dire, lui fait injustice.* Or évidemment pour cela il faut que moi, qui commets l'omission, je me sois engagé à faire cet acte, que je me sois *obligé.* Tout devoir donc repose sur une obligation qu'on a contractée. D'ordinaire, il y a convention expresse, bilatérale, comme entre le prince et le peuple, le gouvernement et les fonctionnaires, le maître et les serviteurs, l'avocat et les clients, le médecin et les malades, et d'une façon générale, entre un homme qui a accepté une tâche, n'importe laquelle, et celui qui lui a donné mandat, au sens large du mot. Aussi tout devoir crée-t-il un droit : car nul ne peut s'obliger sans un motif, c'est-à-dire sans y trouver quelque avantage. Il n'existe à ma connaissance qu'*une seule* obligation qui ne s'impose pas par suite d'une convention, mais bien par le simple effet d'un certain acte : et la raison en est que celui envers qui on la prend n'existait pas en-

1. Français, grec, allemand, anglais. (TR.)

core au moment où on l'a prise : c'est à savoir celle qu'ont les parents envers leurs enfants. Celui qui appelle un enfant à la vie a le *devoir* de l'entretenir, jusqu'au moment où l'enfant peut se suffire à lui-même : et si ce moment ne doit arriver *jamais*, comme c'est le cas pour les aveugles, les infirmes, les crétins, etc., alors le devoir non plus ne s'éteint jamais. Car en s'abstenant de porter secours à l'enfant, par cette seule omission, celui qui l'a créé lui ferait tort, bien plus, le perdrait. Le devoir moral des enfants envers leurs parents est loin d'être aussi immédiat, aussi précis. Voici sur quoi il repose : comme tout devoir crée un droit, il faut que les parents aient un droit sur leurs enfants : ce droit impose aux enfants le devoir de l'obéissance, devoir qui plus tard s'éteint avec le droit d'où il était né ; à la place succède la reconnaissance pour tout ce que les parents ont pu faire au delà de leur stricte obligation. Toutefois, si haïssable, si révoltante même que soit bien souvent l'ingratitude, la reconnaissance n'es pas un devoir : car qui la néglige ne porte pas tort à autrui, donc ne lui fait pas injustice. Sinon il faudrait dire que le bienfaiteur, au fond de lui-même, avait pensé faire une affaire. — Peut-être pourrait-on voir un exemple d'une obligation qui naît d'une simple action, dans la réparation du dommage infligé à autrui. Cependant comme il ne s'agit que de supprimer les conséquences d'un acte injuste, de faire effort pour les éteindre, il n'y a rien là que de négatif : une négation de l'acte qui lui-même eût dû n'avoir pas lieu. — Une autre remarque à faire ici, c'est que l'équité est l'ennemie de la justice, et souvent lui fait grand tort : aussi ne faut-il pas lui trop accorder. L'Allemand aime l'équité, l'Anglais tient pour la justice.

La loi de la détermination par les motifs est tout aussi rigoureuse ici que celle de la causalité dans le monde physique : la contrainte qu'elle impose n'est donc pas moins irrésistible. En conséquence, l'injustice a deux voies pour en venir à ses fins : la *violence* et la *ruse*. Je peux, par violence, mettre à mort un de mes semblables, le voler, le contraindre à m'obéir : mais je peux aussi bien y arriver par ruse, en offrant à son esprit des motifs trompeurs, qui l'amèneront à faire ce qu'autrement il n'aurait pas fait. L'instrument convenable ici, c'est le mensonge : si le mensonge est illégitime, c'est pour cette unique raison, et par suite à condition qu'il soit un instrument de tromperie, qu'il serve à violenter les gens à l'aide de la loi des motifs. Or c'est ce qu'il fait ordinairement. D'abord, en effet, si je mens, cet acte non plus ne peut être sans motif : or ce motif, à part de bien rares exceptions, est un motif injuste : c'est le désir de faire concourir à mes desseins telles gens sur qui je n'ai nulle puissance, bref, de leur faire violence à l'aide de la loi des motifs. Il n'est pas jusqu'au mensonge par pure fanfaronnade qui ne s'explique ainsi : le fanfaron veut se faire valoir aux yeux d'autrui plus qu'il ne lui appartient. — Si toute promesse, si tout traité sont obligatoires, c'est pour la même raison : dès qu'on ne les tient pas, ils sont des mensonges, et des plus solennels ; et jamais l'intention de faire moralement violence à autrui n'a été plus évidente, puisque le motif même du mensonge, l'acte qu'on désirait obtenir de la partie adverse, est expressément déclaré. Ce qui rend la fourberie méprisable, c'est qu'hypocritement elle désarme sa victime, avant de l'attaquer. Elle atteint à son comble dans la *trahison*, et alors comme elle rentre dans le genre de l'injustice redoublée, elle devient un objet d'abomination. D'autre part, puisque je peux, sans injustice, donc de plein droit, repousser la violence par la violence, je peux de même, si la force me fait défaut, ou bien, si elle ne me semble pas aussi bien de mise, recourir à la ruse. Donc, dans les cas où j'ai le droit d'en appeler à la force, j'ai droit d'en appeler au mensonge également : ainsi contre des brigands, contre des malfaiteurs de n'importe quelle espèce ; et de les attirer ainsi dans un piège. Et de même une promesse arrachée de force ne lie point. — Mais en réalité, le *droit de mentir* va plus loin encore : ce droit m'appartient contre toute question que je n'ai pas autorisée, et qui concerne ma personne ou celle des miens : une telle question est indiscrète ; ce n'est pas seulement en y répondant, c'est même en l'écartant avec un « je n'ai rien à dire », formule déjà suffisante pour éveiller le soupçon, que je m'exposerais à un danger. Le mensonge en de tels cas est l'arme défensive légitime, contre une curiosité dont les motifs d'ordinaire ne sont point bienveillants. Car si j'ai le droit, quand je devine chez autrui des intentions méchantes, un projet de m'attaquer par la force, de me prémunir d'avance, et aux risques et périls de l'agresseur, par la force; si j'ai le droit, par mesure préventive, de garnir de pointes aiguës le mur de mon jardin, de lâcher la nuit dans ma cour des chiens méchants, même à l'occasion d'y disposer des chausse-trappes et des fusils qui partent seuls, sans que le malfaiteur qui entre ait à s'en prendre qu'à lui-même des suites funestes de ces mesures; de même aussi ai-je le droit de tenir secret par tous les moyens ce qui, connu, donnerait prise à autrui sur moi; et j'en ai d'autant plus de raison que je dois m'attendre plus à la malveillance des autres, et prendre mes précautions d'avance contre eux. C'est en ce cas qu'Arioste dit :

« Quantunque il simular sia le più volte
Ripreso, e dia di mala mente indici,
Si trova pure in molte cose e molte
Avere fatti evidenti benefici,
E danni e biasmi e morti avere tolte ;
Che non conversiam sempre con gli amici,
In questa assai più oscura che serena
Vita mortal, tutta d'invidia piena (1).

(*Orl. fur.*, IV, 1.)

Je peux donc sans injustice, dès là seulement que je m'attends à être attaqué par ruse, opposer la ruse à la ruse; et je n'ai pas besoin, quand un homme s'immisce sans permission dans mes

1. « Bien que le plus souvent le mensonge encoure — le blâme, et soit la marque d'un dessein méchant, — pourtant il est arrivé en mille et mille occasions — qu'il a rendu des services évidents, — qu'il a épargné à plus d'un, des maux, la honte, la mort : — car ce n'est pas toujours à des amis que nous avons affaire, — dans ce monde mortel, plus ténébreux que serein, — tout plein de jaloux. »

affaires privées, de lui tenir le dé, pas plus que de lui indiquer, par un mot comme celui-ci, « je veux garder le secret là-dessus, » le point précis où gît quelque mystère peut-être fâcheux pour moi, peut-être utile à savoir pour lui, et dont la connaissance en tout cas lui donnerait la haute main sur moi :

Scire volunt secreta domûs, atque inde timeri (1).

Je suis en droit de me débarrasser de lui par un mensonge, à ses risques et périls, dût-il en résulter pour lui quelque erreur dommageable. En pareille occasion, le mensonge est l'unique moyen de me protéger contre une curiosité indiscrète et soupçonneuse : je suis dans le cas de légitime défense. « Ask me no questions, and I'll tel you no lies (2), » voilà la maxime vraie ici. Aussi chez les Anglais où le nom de menteur est le plus sanglant des reproches, et où par suite le mensonge est réellement plus rare qu'ailleurs, on regarde comme inconvenante toute question qu'on pose à autrui sans sa permission et touchant ses affaires : et c'est cette inconvenance qu'on désigne par le mot *questionner*. — Et d'ailleurs il n'est pas d'homme intelligent qui ne se conforme au principe que j'ai posé, et le plus loyal même en est là. Si par exemple, revenant d'un endroit écarté, où il a touché de l'argent, il rencontre un inconnu qui se met à faire route avec lui, et qui lui demande, comme il est d'usage en pareil cas, d'abord où il va, puis d'où il vient, puis peu à peu l'interroge sur ce qu'il y était allé faire, notre homme lui répondra par un mensonge, pour éviter d'être volé. Si on vous rencontre dans la maison d'un homme dont vous souhaitez d'épouser la fille, et qu'on vous questionne sur votre présence, inattendue en pareil endroit, vous ne manquez pas de donner un faux prétexte : à moins que vous n'ayez le timbre un peu fêlé. Et il ne manque pas de cas semblables, où il n'est pas d'homme

1. « Ils veulent savoir les secrets de la maison, pour se faire craindre. » (TR.)

2. « Ne me questionnez pas, je ne vous mentirai pas. »

raisonnable qui ne mente sans le moindre scrupule. Tel est l'unique moyen de faire cesser cette contradiction choquante entre la morale telle qu'on la professe, et la morale telle qu'on la pratique tous les jours, même parmi les hommes les plus sincères et les meilleurs. Bien entendu, il faut restreindre rigoureusement la permission, comme je l'ai fait, au cas de légitime défense; autrement la théorie souffrirait les plus étranges abus : car il n'est pas d'arme plus dangereuse que le mensonge en lui-même. Seulement, de même que malgré la paix publique (1), la loi permet à tout individu, de porter des armes et de s'en servir, au moins dans le cas de légitime défense ; de même aussi, dans le même cas, dans celui-là seul, la morale nous concède le recours au mensonge. Ce cas mis à part (le cas de légitime défense contre la violence ou la ruse) tout mensonge est une injustice ; la justice veut donc que nous soyons sincères avec tout le monde. Quant à condamner par un arrêt absolu, sans exception, et portant sur l'essence même de la chose, le mensonge, une première remarque nous en détourne déjà : c'est qu'il y a des cas où c'est même un *devoir* de mentir ; ainsi pour les médecins ; c'est encore, qu'il y a des mensonges *sublimes* : tel celui du marquis Posa dans *Don Carlos*, (2) celui de la *Jérusalem délivrée*, II, 22 (3), et en général tout ceux par lesquels un innocent prend sur lui la faute d'autrui ; c'est enfin que Jésus-Christ

1. *Landfrieden*, résolution de la diète de Worms (1455), qui a aboli le droit de *diffidation*, et imposé une trêve universelle aux princes allemands entre eux. (TR.)

2. Voir le *Don Carlos* de Schiller, acte V, scène III. Don Carlos aime sa belle-mère, la reine d'Espagne ; le roi Philippe soupçonne cet amour, et le suppose moins pur qu'il n'est. Le marquis de Posa, qui rêve d'une grande réforme libérale, et qui pour la réaliser a mis son espérance dans son élève et son ami Don Carlos, voit l'Infant perdu si ces soupçons se confirment. Alors dans une lettre qu'il fait surprendre, il s'accuse d'être le vrai coupable, celui qui aime la reine. Le roi le fait assassiner. (TR.)

3. C'est le mensonge de la jeune Sophronie qui pour sauver les chrétiens, s'accuse à Aladin, tyran de Jérusalem, d'avoir ravi dans une mosquée une image de la Vierge que les musulmans y avaient transportée. (TR.)

lui-même a une fois altéré avec intention la vérité (*Jean*, VII, 8) (1). C'est dans le même sens que Campanella, dans ses *Poesie filosofiche*, madrigal 9, dit fort nettement : « Bello è il mentir, si a fare gran ben' si trova (2). » Au contraire la théorie du mensonge officieux, telle que la présente la morale à la mode, a l'air piteux une pièce rajoutée sur une robe de pauvresse. — Les raisonnements dont Kant a fourni la matière, et dont on se sert dans bien des manuels, pour démontrer l'illégitimité du mensonge, en la déduisant de notre *faculté de parler*, sont d'une platitude, d'une puérilité, d'une fadeur à vous tenter d'aller, pour le seul plaisir de les narguer, vous jeter dans les bras du diable, disant avec Talleyrand : « L'homme a reçu la parole pour pouvoir cacher sa pensée. » — Le mépris dont Kant fait, montre en toute occasion, son mépris absolu, infini, pour le mensonge, n'est au fond rien qu'affection ou préjugé : dans le chapitre de sa *Doctrine de la vertu* qu'il consacre au mensonge, il l'habille, il est vrai, des épithètes les plus déshonorantes, mais quant à donner une raison topique pour prouver qu'il est blâmable, il ne le fait point : le procédé eût pourtant été plus efficace. Il est plus facile de déclamer que de démontrer, de faire la morale que d'être sincère. Kant eût été plus sage, s'il eût réservé ce zèle tout particulier pour le déchaîner contre la malice qui se réjouit de la douleur d'autrui : c'est elle, non le mensonge, qui est proprement le péché diabolique. Elle est le contraire même de la pitié ; elle est simplement la cruauté impuissante, qui contemple avec complaisance les maux d'autrui, et qui ayant été incapable de les créer, remercie le hasard

1. Voici le texte :

« Les frères de Jésus lui dirent : quitte ce pays et passe en Judée (pour aller à la fête des Tabernacles), afin que tes disciples voient aussi les œuvres que tu fais... Car les frères de Jésus ne croyaient pas en lui. C'est pourquoi il leur répondit :... Allez à cette fête ; pour moi je n'y vais pas encore, parce que mon temps n'est pas accompli. Il leur fit cette réponse, et resta en Galilée ; mais lorsque ses frères furent partis, il alla aussi lui-même à la fête, non pas publiquement, mais comme en cachette. » (TR.)

2. « Belle chose qu'un mensonge qui procure un grand bien. »

d'avoir pris ce soin. — Sans doute, dans le code d'honneur de la chevalerie, le nom de menteur est un reproche grave, et qui veut être lavé dans le sang de l'insulteur : mais la raison n'en est pas que le mensonge est *injuste* : autrement il y aurait insulte non moins grave, à accuser un homme d'une injustice commise de vive force : ce qui n'est pas, on le sait ; la vraie raison, c'est que dans l'esprit du code de chevalerie, la force est proprement ce qui fonde le droit : or celui qui pour accomplir une injustice, recourt au mensonge, fait assez paraître que la force lui fait défaut, ou bien le courage pour en user. Tout mensonge est signe de peur : voilà ce qui le condamne sans retour (1).

§ 18. — *Seconde Vertu : la Charité.*

Ainsi la Justice est la première des vertus cardinales, et la plus essentielle. Les philosophes anciens l'ont eux-mêmes reconnue et mise à cette place : mais à côté ils ont rangé trois autres vertus, qu'ils ont choisies sans discernement. En revanche, la Charité, *caritas*, *ἀγάπη*, ils ne la reconnaissaient pas encore pour une vertu : Platon lui-même qui, en morale, s'élève plus haut que pas un d'eux ne dépasse pas la justice libre, désintéressée. En pratique, en fait, certes, la Charité a toujours existé : mais jamais elle n'avait fait l'objet d'une question de théorie, jamais on ne l'avait établie expressément au rang des vertus, et même au premier rang, jamais elle n'avait été étendue jusqu'à nos ennemis, même avant le christianisme : c'est là justement le grand mérite de cette religion. Cela, toutefois, n'est vrai que de l'Europe : car, en Asie, déjà mille ans auparavant, l'amour illimité du prochain était mis en théorie, prescrit, aussi bien qu'il y était en pratique : le Véda et le Dharma-Çastra, l'Itihasa et le Purana, comme aussi la doctrine du Bouddha Çakya-Mouni, ne cessaient de le prêcher. — Et même à la rigueur, chez les anciens aussi, on trouve des traces du

1. Mot à mot, voilà ce qui rompt sur lui le bâton. Allusion à une cérémonie du vieux droit germanique. (TR.)

sens de la Charité : ainsi chez Cicéron, *de Finibus*, v. 23 ; bien plus, chez Pythagore, s'il faut en croire Jamblique, *De vita Pythagoræ*, c. XXXIII (1). C'est pour moi une obligation de déduire, au sens philosophique, cette vertu de mon principe.

Grâce à ce phénomène, dont j'ai montré la réalité, bien que la cause en soit toute mystérieuse, la pitié atteint un second degré : alors la souffrance d'autrui devient par elle-même, et sans intermédiaire, le motif de mes actes ; ce degré se distingue clairement du premier : les actes que la pitié inspire alors sont *positifs ;* la pitié ne se borne plus à m'empêcher de nuire aux autres, elle m'excite à les aider. Il y a ici deux facteurs : la part que je prends immédiatement au mal d'autrui avec plus ou moins de vivacité et d'émotion, puis la détresse du patient qui est plus ou moins grande et pressante : selon les variations de ces facteurs, le motif moral pur me décidera à me sacrifier dans une mesure correspondante pour remédier au besoin ou à la détresse de mon semblable. Je sacrifierai soit une partie de mes forces physiques ou morales, en les dépensant à son profit, soit mes biens, ma santé, ma liberté, ma vie même. La participation aux maux d'autrui, participation immédiate, qui n'est pas longuement raisonnée et qui n'en a pas besoin, voilà la seule source pure de toute charité, de la *caritas*, de l'ἀγάπη, de cette vertu qui a pour maxime : « omnes, quantum potes, juva, » et d'où découlent tous ces actes que la morale nous prescrit sous le nom de devoirs de vertu, devoirs d'amour, devoirs imparfaits. Cette participation toute immédiate, instinctive même, aux souffrances dont *pâtissent* les autres, la *compassion*, la pitié, voilà l'unique principe d'où naissent ces actes, du moins quand ils ont une *valeur morale*, quand ils sont purs de tout égoïsme, quand, par là même, ils nous donnent ce contentement intérieur qu'on appelle une bonne conscience, une conscience satisfaite et qui nous approuve ; quand chez un simple témoin, ils produisent

1. Témoignage d'une valeur médiocre, selon Zeller, *La Philosophie des Grecs*, I, p. 440, trad. de M. Boutroux. (TR.)

l'approbation, le respect, l'admiration, et enfin l'invitent à jeter sur lui-même un regard modeste, car ce dernier détail ne saurait être contesté. Mais qu'une action bienfaisante vienne à avoir quelque autre motif, elle ne peut désormais être qu'égoïste, si ce n'est même méchante. En effet, plus haut, nous avons divisé les principes de nos actions en trois genres premiers : égoïsme, méchanceté, pitié ; eh bien ! tout pareillement, les motifs qui mettent en mouvement les hommes, se ramènent à trois classes générales et supérieures : 1° le bien de l'agent ; 2° le mal d'autrui ; 3° le bien d'autrui. Si donc le motif d'une action bienfaisante n'est pas de la troisième classe, forcément il rentre dans la première ou la seconde. Il arrive souvent que ce soit dans celle-ci : ainsi quand je fais du bien à quelqu'un pour chagriner un autre homme à qui je ne fais pas de bien, ou pour lui rendre son fardeau plus pesant encore, ou quand c'est pour faire honte à un tiers, qui, lui, ne fait pas de bien à mon protégé ; ou enfin quand c'est pour humilier celui à qui j'accorde mon bienfait. Plus souvent encore le motif est de la première sorte : c'est ce qui arrive quand par une bonne action je poursuis, à travers des chemins plus ou moins longs et détournés, *mon propre bien* : ainsi quand je songe à part moi à quelque récompense à obtenir dans ce monde ou dans l'autre, à l'estime publique, au renom que je veux me faire, d'un noble cœur, aux services que pourra me rendre à son tour celui que j'aide aujourd'hui, ou du moins à l'utilité que je pourrai tirer de lui ; quand la pensée qui me pousse, c'est que la grandeur d'âme et la bienfaisance sont choses dont il est bon de maintenir le principe, parce qu'un jour je pourrais bien en profiter, moi aussi ; et d'une façon générale enfin, quand mon projet n'est pas ce projet, le seul tout *objectif*, de venir en aide aux autres, de les tirer de la misère et des soucis, de les délivrer de leurs souffrances : ce seul projet, sans rien de plus, sans rien à côté ! C'est en cela même, et en cela seul, que j'ai fait résider la vraie charité, cette *caritas*, *ἀγάπη*, que le christianisme a prêchée ; et le christianisme n'a pas de plus grand mérite, ni de plus propre à lui. Et

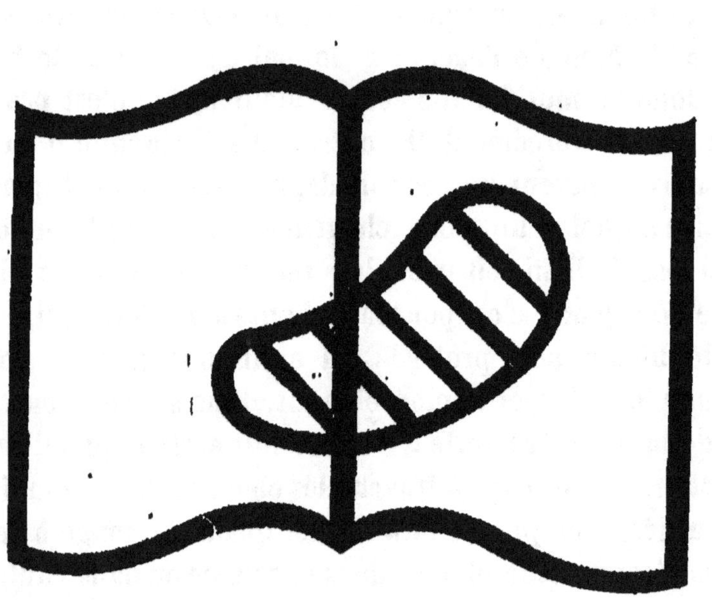

Illisibilité partielle

quant aux préceptes que l'Évangile ajoute à ce premier commandement, comme : « μὴ γνώτω ἡ ἀριστερά σου τί ποιεῖ ἡ δεξιά σου. » (« que ta gauche ignore ce que fait ta droite ») et autres semblables, ils ont pour principe un vague sentiment de ce que j'ai établi par déduction : que la détresse seule d'autrui, sans aucune arrière-pensée, doit être le motif qui me guide, si je veux que mon action ait une valeur morale. Aussi lisons-nous dans ce même livre (Mathieu, VI, 2) cette parole sage : Qui donne avec ostentation a déjà sa récompense, dans l'ostentation même. De leur côté les Védas eux aussi nous révèlent la parole bénie ; ils nous l'assurent, et plus d'une fois : qui attend la récompense de ses œuvres est encore sur la route de ténèbres, et n'est pas mûr pour la délivrance. — Si quelqu'un, en faisant l'aumône, me demandait ce qu'il en retirera, en bonne conscience je lui répondrais : « Tu en retireras ceci, que le fardeau de ce pauvre homme sera allégé d'autant ; à part cela, rien absolument. Si cela ne peut te servir de rien, si cela ne t'accommode pas, alors ce n'est donc pas une aumône que tu voulais faire, mais une affaire : eh bien ! tu es volé. Mais s'il te convient que ce malheureux, accablé par le besoin, souffre moins, alors tu as atteint ton but, et de ton acte tu as retiré ce profit, qu'il souffre moins ; par là tu vois au juste en quelle mesure ton action est récompensée. »

Mais comment faire qu'une souffrance, qui n'est pas *mienne*, qui ne me concerne pas, *moi*, cependant devienne pour moi un motif, un motif qui agit directement, à l'égal de ma propre souffrance ; que cette souffrance d'autrui me fasse agir ? Je l'ai dit, il n'y a pour cela qu'un moyen : bien que cette douleur ne me soit révélée que comme extérieure à moi, et par l'intuition ou par quelque témoignage, je la *ressentirai* toutefois, je l'*éprouverai* comme si elle était mienne, non pas comme résidant *en moi* pourtant, mais comme étant *en un autre*. Ainsi il arrive, comme dit Calderon :

que entre el ver
Padecer y el padecer

Ninguna distancia [illegible]
(No siempre el peor es cierto, Jorn. II, p. 220) (1).

Mais pour cela, il faut que je me sois en quelque manière identifié avec cet autre, donc que la barrière entre le moi et le non-moi se trouve pour un instant supprimée : alors seulement la situation d'un autre, ses besoins, sa détresse, ses souffrances, me deviennent immédiatement propres : je cesse de le regarder, ainsi que l'intuition empirique le voudrait, comme une chose qui m'est étrangère, indifférente, étant distincte de moi absolument ; je souffre *en lui*, bien que mes nerfs ne soient pas renfermés sous sa peau. Par là seulement, son mal *à lui*, sa détresse *à lui*, deviennent *pour moi* un motif : autrement seuls *les miens* me guideraient. *Ce phénomène* est, je le répète, un *mystère* : c'est une chose dont la Raison ne peut rendre directement compte, et dont l'expérience ne saurait découvrir les causes. Et pourtant, le fait est quotidien. Chacun l'a éprouvé intérieurement ; même le plus dur, le plus égoïste des hommes n'y est pas demeuré étranger. Nous en rencontrons chaque jour des exemples, chez les individus et en petit, partout où, par une inspiration spontanée, un homme, sans tant de réflexions, va au secours d'un autre, l'assiste, même parfois s'expose à un danger évident, mortel, pour un individu qu'il n'avait jamais vu, et ne calcule rien sinon qu'il le voit dans la détresse et le péril. Nous le voyons en grand, quand après mûre réflexion, après des débats difficiles, la nation anglaise, d'un grand cœur, dépense 20 millions sterling pour racheter de l'esclavage les noirs de ses colonies, aux applaudissements et à la joie d'un monde entier. Cette gigantesque belle action, si quelqu'un refuse de reconnaître dans la pitié le motif qui l'a produite, pour l'attribuer au christianisme, qu'il y pense : dans le Nouveau Tes-

1. « Que de voir
Souffrir, à la souffrance,
Il n'est plus de distance. »
(*Ce n'est pas toujours le pire qui est le vrai*, IIe acte, p. 220.)

tament tout entier, il n'y a pas un mot contre l'esclavage, cela en un temps où il était universel; bien plus, en 1860, dans l'Amérique du Nord, lors des débats sur l'esclavage, un orateur a pu encore en appeler à ce fait, qu'Abraham et Jacob ont eu aussi des esclaves.

Quels seront en chaque cas particulier, les effets pratiques de ce phénomène intime et mystérieux? c'est à l'éthique de les analyser dans des chapitres et paragraphes, consacrés aux devoirs de vertu, ou devoirs de charité, ou devoirs imparfaits. Ici j'ai fait connaître leur racine, le sol où ils s'appuyent tous, et d'où naît la règle : « *omnes, quantum potes, juva* » ; le reste s'en déduit aisément, comme de l'autre moitié de mon principe », *neminem læde* », sortent tous les devoirs de justice. En vérité, la morale est la plus facile des sciences, et il fallait bien s'y attendre, chacun ayant l'obligation de se la construire à lui-même, de tirer lui-même du principe suprême qu'il trouve enraciné dans son cœur, une règle applicable à tous les cas de la vie : car il en est peu qui aient le loisir et la patience d'apprendre une morale toute faite. De la justice et de la charité découlent toutes les vertus : celles-là sont donc les vertus cardinales ; en les déduisant de leur principe, on pose la pierre d'angle de l'éthique. — La justice, voilà en un mot tout l'Ancien Testament; la charité, voilà le Nouveau : c'est là la καινὴ ἐντολή (1) (Jean, XIII, 34) qui, selon Paul (aux Romains, XIII, 8-10), renferme toutes les vertus chrétiennes.

§ 19. — *Confirmation du fondement de la morale tel qu'il vient d'être établi.*

La vérité que je viens d'exprimer, que la pitié, étant le seul motif pur d'égoïsme, est aussi le seul vraiment moral, a un air paradoxal des plus étranges, et même des plus inconcevables.

1. « La nouvelle loi. » (TR.)

Pour la rendre moins extraordinaire au lecteur, je vais montrer comment elle est confirmée par l'expérience, et comment elle exprime le sentiment général des hommes.

1. — A cet effet, je commencerai par prendre un exemple imaginaire : ce sera ici comme un *experimentum crucis* (1). Mais pour ne pas me faire le jeu trop beau, ce n'est pas un acte de charité que je choisirai ; ce sera une violation du droit, même la plus grave qui soit. — Concevons deux jeunes hommes, Caïus et Titus (2) tous deux passionnément épris de deux jeunes filles différentes : chacun d'eux se voit barrer la route par un rival préféré, préféré pour des avantages extérieurs. Ils résolvent, chacun de son côté, de faire disparaître de ce monde leurs rivaux ; d'ailleurs ils sont parfaitement à l'abri de toute recherche, et même de tout soupçon. Pourtant, au moment où ils procèdent aux préparatifs du meurtre, tous deux, après une lutte intérieure, s'arrêtent. C'est sur cet abandon de leur projet qu'ils ont à s'expliquer devant nous, sincèrement et clairement. — Quant à Caïus, je laisse au lecteur le choix des explications qu'il lui mettra dans la bouche. Il pourra avoir été retenu par des motifs religieux, par la pensée de la volonté divine, du châtiment qui l'attend, du jugement futur, etc. Ou bien encore il dira : « J'ai réfléchi que la maxime de ma conduite dans cette circonstance n'eût pas été propre à fournir une règle capable de s'appliquer à tous les êtres raisonnables en général, car j'allais traiter mon rival comme un simple moyen, sans voir en lui en même temps une fin en soi. » — Ou bien avec *Fichte*, il s'exprimera ainsi : « La vie d'un homme quelconque est un moyen propre à amener la réalisation de

1. *Experimentum crucis*, ou *instantia crucis*, terme de Bacon pour désigner un raisonnement dans lequel, étant posé quelques hypothèses considérées comme seules possibles, on les réfutant toutes à l'exception d'une, on prouve que cette dernière est la vraie. Bacon le nomme ainsi par comparaison avec les croix placées dans les carrefours pour indiquer le chemin. Voir *Nov. Org.* II, 2, 14. (TR.)

2. Ces noms latins sont employés en allemand dans les mêmes cas où nous disons Pierre et Paul. (TR.)

la loi morale : je ne peux donc pas, à moins d'être indifférent à la réalisation de la loi morale, anéantir un être dont la destinée est d'y contribuer. » (*Doctrine des Mœurs*, p. 373.) — (Ce scrupule, soit dit en passant, il pourrait s'en défaire, car il espère bien, une fois en possession de celle qu'il aime, ne pas tarder à créer un instrument nouveau de la loi morale.) — Il pourra encore parler à la façon de *Wollaston* : « J'ai songé qu'une telle action serait la traduction d'une proposition fausse. » — A la façon de *Hutcheson* : « Le sens moral, dont les impressions, comme celles de tout autre sens, échappent à toute explication ultérieure, m'a déterminé à agir de la sorte. » — A la façon d'*Adam Smith* : « J'ai prévu que mon acte ne m'eût point attiré la sympathie du spectateur. » — Avec *Christian Wolff* : « J'ai reconnu que par là je ne travaillais pas à ma perfection et ne contribuais point à celle d'autrui. » — Avec *Spinoza* : « *Homini nihil utilius homine : ergo hominem interimere nolui* (1) ». — Bref, il dira ce qu'il vous plaira. — Mais pour Titus, que je me suis réservé de faire expliquer à ma manière, il dira : « Quand j'en suis venu aux préparatifs, quand, par suite, j'ai dû considérer pour un moment, non plus ma passion, mais mon rival, alors j'ai commencé à voir clairement de quoi il s'agissait et pour moi et pour lui. Mais alors aussi la pitié, la compassion m'ont saisi, je n'ai pas eu le cœur d'y résister : je n'ai pas pu faire ce que je voulais. » Maintenant, je le demande à tout lecteur sincère et libre de préjugés : de ces deux hommes, quel est le meilleur ? quel est celui aux mains de qui on remettrait le plus volontiers sa destinée ? quel est celui qui a été retenu par le plus pur motif ? — Où gît dès lors le fondement de la morale ?

2. — Il n'est rien qui soulève jusque dans ses profondeurs notre sentiment moral autant que la cruauté. Toute autre faute, nous pouvons la pardonner ; la cruauté, jamais. La raison en est, que

1. « Rien de plus utile à l'homme que l'homme même : c'est pourquoi je n'ai pas voulu tuer un homme. » (TR.)

la cruauté est précisément le contraire de la pitié. Venons-nous à apprendre quelque acte de cruauté, comme est celui-ci, dont les journaux viennent de nous apporter la nouvelle, d'une mère qui a tué son petit garçon, un enfant de cinq ans, en lui versant dans le gosier de l'huile bouillante, et son autre enfant, plus petit encore, en l'enterrant tout vif ; ou cet autre, qu'on nous annonce d'Alger : une dispute suivie de rixe entre un Espagnol et un Algérien, et où celui-ci ayant eu le dessus, brisa à son adversaire la mâchoire inférieure, la lui arracha net, et s'en alla avec ce trophée, laissant là l'autre qui vivait encore ; — aussitôt nous voilà saisis d'horreur ; nous nous écrions : « Comment peut-on faire de pareilles choses ? » Et quel est le sens de cette question ? Celui-ci peut-être : Comment peut-on redouter aussi peu les châtiments de la vie future ? — L'interprétation est difficile à admettre. — Ou bien celui-ci : Comment peut-on agir d'après une maxime aussi peu propre à devenir la loi générale de tous les êtres raisonnables ? — Pour cela, non. — Ou bien encore : Comment peut-on négliger à ce point sa propre perfection et celle d'autrui ? — Pas davantage. — Le sens vrai, le voici à n'en pas douter : Comment peut-on être à ce point sans pitié ? C'est donc quand une action s'écarte extrêmement de la pitié, qu'elle porte comme un stigmate le caractère d'une chose moralement condamnable, méprisable. La pitié est par excellence le ressort de la moralité.

3. — Le principe de la morale, le ressort de la moralité, tel que je l'ai révélé, est le seul absolument auquel on puisse rendre cette justice, qu'il agit avec efficacité et même sur un domaine étendu. Personne ne voudrait en dire autant de tous les autres principes de morale proposés par les philosophes : ces principes consistent en des propositions abstraites, souvent même subtiles, sans autre fondement, qu'une combinaison artificielle des notions : c'est au point qu'ils ne sauraient s'appliquer à la vie pratique sans offrir quelque côté risible. Une bonne action qui aurait été inspirée par le seul principe moral de Kant, serait au fond

l'acte d'un pédant de philosophie ; ou elle aboutirait à un mensonge que l'agent se ferait à lui-même : étant donné un acte qu'il aurait accompli pour de certains motifs, il lui en attribuerait d'autres, moins nobles peut-être, et y verrait un produit de l'impératif catégorique et d'une notion en l'air, celle du devoir. Mais ce n'est pas seulement aux principes de morale qu'ont inventés pour le seul besoin de leurs théories les *philosophes*, c'est aussi à ceux que les *religions* ont établis en vue d'une utilité toute pratique, qu'il est difficile de reconnaître une efficacité marquée. En voici un premier signe : si diverses que soient les religions répandues sur la terre, on ne voit point que la moralité des hommes, ou pour mieux dire leur immoralité, varie dans une mesure correspondante ; au contraire, pour l'essentiel, elle en est à peu près partout au même point. Seulement, il faut prendre garde de ne pas confondre la grossièreté et la délicatesse avec la moralité et l'immoralité. Ce qu'il y avait de morale dans la religion des Grecs se réduisait à bien peu de chose : le respect du serment, voilà à peu près tout ; il n'y avait pas de dogme, pas de morale, prêchés officiellement ; et toutefois nous ne voyons pas que les Grecs, à tout prendre, en fussent moralement inférieurs aux hommes de l'époque chrétienne. La morale du christianisme est bien supérieure à aucune de celles qu'ait jamais connues l'Europe : mais d'aller croire que la moralité des Européens s'est élevée dans la même mesure, ou seulement qu'aujourd'hui elle dépasse celle des autres contrées, ce serait s'exposer à une méprise ; car enfin, non-seulement on trouve chez les mahométans, les guèbres, les hindous et les bouddhistes, pour le moins autant de loyauté, de sincérité, de tolérance, de douceur, de bienfaisance, de générosité et d'abnégation que chez les peuples chrétiens ; mais en outre la liste serait longue des cruautés indignes de l'homme, qui ont été l'accompagnement du christianisme : croisades impardonnables, extermination d'une grande partie des habitants primitifs de l'Amérique, colonisation de cette partie du monde avec des hommes volés à l'Afrique, amenés sans droit, sans l'ombre d'un droit, à leurs familles, à leur patrie, à la partie de la terre où ils étaient nés, pauvres nègres esclaves condamnés aux travaux forcés à perpétuité (1), persécutions incessantes contre les hérétiques, tribunaux d'inquisition dont les forfaits crient vengeance au ciel, nuit de la Saint-Barthélemy, exécution de dix-huit mille Hollandais suppliciés par le duc d'Albe, et tant d'autres crimes, tant d'autres : je crains bien que la balance ne fût emportée enfin ; mais non pas en faveur du christianisme. Et d'ailleurs, en général, que l'on compare l'excellente morale que prêchent la religion chrétienne et à des degrés divers toutes les religions, avec la conduite pratique des fidèles ; qu'on songe comment tout tournerait, si le bras séculier cessait d'arrêter les transgresseurs ; ce que nous aurions à craindre, si pour un seul jour les lois étaient toutes supprimées, et il faudra bien avouer alors que faible est l'action des religions, de toutes, sur les mœurs des hommes. De tout cela peut-être faut-il se prendre à la débilité de la foi. En théorie et tant qu'il s'agit de piété spéculative, chacun croit sa foi bien solide. Mais c'est à l'œuvre qu'il faut juger de nos croyances : une fois au pied du mur, et quand pour conserver sa foi, il faut se décider à des renoncements, à de grands sacrifices, c'est alors que l'homme laisse paraître la faiblesse de sa conviction. Un homme médite sérieusement quelque mauvaise action : c'est que déjà il a transgressé les limites de la vraie et pure moralité ; la première barrière qu'il rencontre ensuite, c'est l'idée de la justice et de la police. S'il réussit à la repousser, à espérer d'y échapper, la seconde barrière qui s'oppose à lui, c'est le respect de son honneur. Mais ce boulevard une fois franchi à son tour, il y a gros à parier que, sur un homme qui a triomphé de ces deux obstacles, les dogmes religieux auront peu de prise, qu'ils ne sauraient le détourner de son dessein. Quand un homme

1. Aujourd'hui encore, selon Buxton, *The African Slavetrade* (1839), le nombre de ces malheureux s'accroît par an de 150,000 natifs de l'Afrique ; il y faut joindre 200,000 autres infortunés, que détruisent la razzia et le voyage.

ne s'effraie pas de périls voisins et certains, un péril éloigné et qui est pur objet de croyance n'est point pour le faire reculer. Et d'ailleurs, contre toute bonne action inspirée par les seules croyances religieuses, s'élève toujours cette objection, qu'elle n'est pas désintéressée, qu'elle part de la pensée d'une récompense et d'un châtiment à attendre, enfin qu'elle est sans valeur morale. C'est ce qu'exprimait déjà avec force, dans une de ses lettres, l'illustre grand-duc Charles-Auguste de Weimar (1) : « Le baron Weyhers, dit-il, trouvait lui-même, qu'il faut être un bien grand coquin, pour être incliné au bien par la seule religion, et non par nature. In vino veritas. » (Lettres à J. H. Merck, lettre 229.) — Maintenant, en regard, que l'on place le motif moral tel que je l'ai proposé ! Qui ose un instant mettre en doute cette vérité, qu'en tous temps, chez tous les peuples, dans toutes les occasions de la vie, même en ces moments où il n'y a plus de lois, même au milieu des horreurs des révolutions et des guerres, dans les grandes comme dans les petites choses, chaque jour, à chaque heure, ce motif fait preuve d'une efficacité marquée et vraiment merveilleuse, que quotidiennement il empêche plus d'une injustice, provoque nombre de bonnes actions sans espoir de récompense, et bien souvent là où on les attendait le moins, qu'enfin partout où il agit et où il agit seul, tous nous reconnaissons là, sans réserve, avec respect, avec vénération, la dignité morale véritable ?

4. — En effet, une compassion sans bornes qui nous unit avec tous les êtres vivants, voilà le plus solide, le plus sûr garant de la moralité : avec elle, il n'est pas besoin de casuistique. Qui la possède, sera bien incapable de causer du dommage à personne, de violenter personne, de faire du mal à qui que ce soit ; mais plutôt pour tous il aura de la longanimité, il pardonnera, il aidera de toutes ses forces, et chacune de ses actions sera marquée au coin de la justice et de la charité. En revanche, essayez de dire :

1. L'ami de Gœthe et de Schiller. (TR.)

« Cet homme est vertueux, seulement il ne connaît pas la pitié. » Ou bien : « C'est un homme injuste et méchant ; pourtant il est compatissant. » La contradiction saute aux yeux. — A chacun son goût ; mais pour moi, je ne sais pas de plus belle prière que celle dont les anciens Indous se servent pour clore leurs spectacles (comme font aujourd'hui les Anglais à la fin de leur prière pour le roi). Ils disent : « Puisse tout ce qui a vie être délivré de la souffrance ! »

5. — Il existe encore divers faits de détail, d'où l'on peut conclure que le vrai ressort moral, c'est la pitié. Par exemple quand on vole cent thalers, que ce soit à un riche ou à un pauvre, le fait est toujours une injustice : toutefois dans le second cas la conscience, et avec elle le témoin désintéressé, réclameront bien plus haut et s'irriteront bien plus vivement. Aristote déjà le dit : « δεινότερον δέ ἐστι τὸν ἀτυχοῦντα, ἢ τὸν εὐτυχοῦντα, ἀδικεῖν. » (« Il est bien plus grave de faire tort à un malheureux qu'à l'homme dans la prospérité. ») Problèm. XXIX, 2. Les reproches de la conscience au contraire seront bien moins forts, moins forts même que dans le premier cas, s'il s'agit d'un préjudice fait à une caisse publique : une caisse publique ne peut être un objet de pitié. On le voit donc, ce n'est pas la violation du droit qui par elle-même provoque, les reproches de la conscience et ceux des autres hommes ; c'est avant tout le mal que cette violation a causé à la victime. Sans doute cette violation seule, telle qu'elle se rencontre dans le cas précédent, de la caisse publique volée, excite la désapprobation de la conscience et celle du spectateur ; mais simplement parce qu'elle renverse la maxime, du respect dû à *tout* droit, maxime sans laquelle il n'est pas d'homme d'honneur : elle ne l'excite donc qu'indirectement, et avec moins de force. Si d'ailleurs cette caisse était un *dépôt* public, le cas serait tout autre : il s'agirait d'une *injustice redoublée* telle qu'elle a été définie ci-dessus, et même bien caractérisée. Les raisons que je viens d'analyser expliquent le grand reproche que l'on fait partout aux concussionnaires avides, aux coquins de loi, d'agripper le bien de la veuve et

de l'orphelin : ces infortunés, plus dénués de secours que personne, devraient éveiller davantage la pitié. Un être absolument insensible à la pitié, tel est donc celui que les hommes appellent scélérat.

6. — La charité a son principe dans la pitié : la chose est ici plus évidente encore que pour la justice. On ne saurait recevoir de ses semblables une seule marque authentique de charité, tant qu'on est à tous égards dans la prospérité. L'homme heureux peut bien avoir des preuves variées de la bienveillance des siens, de ses amis : mais quant aux effets de cette sensibilité désintéressée, pure, qui sans retour sur soi prend part à la situation, à la destinée d'autrui, il est réservé à l'homme atteint par quelque souffrance de les éprouver. L'homme heureux n'excite point par ce seul titre notre sympathie ; mais plutôt il demeure par là étranger à notre cœur : « *habeat sibi sua* (1). » Même, s'il dépasse trop les autres, il est exposé à exciter l'envie ; et l'envie est prête, au jour où il tombera du faîte de sa prospérité, à se changer en une joie maligne. Toutefois, le plus souvent, ce dernier malheur ne se réalise pas : l'homme déchu n'en est pas réduit à ce point d'avoir à dire, selon le mot de Sophocle : « γελῶσι δ'ἐχθροί ». « Ils rient, mes ennemis. » A peine est-il renversé, un grand changement se fait dans le cœur du reste des hommes : le fait est significatif pour notre théorie. En premier lieu, il voit avec quelle espèce de sentiments les amis de sa prospérité y prenaient part : « *Diffugiunt cadis cum fæce siccatis amici* (2). » En revanche, ce qu'il redoutait plus que le malheur même, le triomphe de ses envieux, les sarcasmes de ceux que sa chute emplit d'une joie méchante, lui sont d'ordinaire épargnés : l'envie est apaisée, elle disparait avec ce qui la causait ; déjà la pitié se glisse à la place, et amène à sa suite la charité. Bien souvent les envieux, ennemis de notre prospérité, se changent, après notre ruine, en autant d'amis délicats, de con-

1. « Qu'il garde pour lui ses biens. » C'est l'équivalent de l'expression : tant mieux pour lui ! (TR.)

2. « Le tonneau vidé, la lie venue, les amis s'en vont. » (TR.)

solateurs, de soutiens. Qui n'a pas, à quelque degré que ce soit, après un échec, éprouvé lui-même cette vérité ? qui n'a vu alors avec étonnement ceux qui jusque-là n'avaient eu pour lui que froideur, que malveillance, l'entourer des marques d'une sincère sympathie ? C'est que le malheur est la condition de la pitié ; et la pitié, la source de la charité. — De cette remarque, rapprochez-en une autre : que rien n'est propre à adoucir notre colère, même légitime, contre un homme, autant que ce mot : «Il est malheureux.» Ce que la pluie est au feu, la pitié l'est, à la colère. Aussi, voulez-vous n'avoir à regretter rien ? écoutez mon conseil : quand la colère vous enflamme, quand vous méditez d'infliger au coupable une rude punition, représentez-vous-le, avec de vives couleurs, déjà frappé ; voyez-le atteint dans son corps ou son âme, au milieu de la misère, de la détresse, et qui pleure, et dites-vous : ceci est mon œuvre. Alors, si quelque chose peut amortir votre colère, elle sera amortie. La pitié, voilà le vrai contre-poison de la colère ; et par ce tableau que vous vous êtes fait, vous avez éveillé d'avance et à temps encore,

> la pitié, dont la voix,
> Alors qu'on est vengé, fait entendre ses lois.
> (Voltaire, *Sémiramis*, V, 6.)

Et en général, rien n'est mieux fait pour nous délivrer de toute pensée de haine contre notre prochain, que de nous figurer une position où il réclamerait notre pitié. — Aussi voit-on d'ordinaire les parents préférer ceux de leurs enfants qui sont maladifs : c'est que ceux-là ne laissent pas la pitié s'endormir.

7. — Une autre preuve que le motif moral ici proposé est bien le vrai, c'est qu'avec lui les *animaux* eux-mêmes sont protégés : on sait l'impardonnable oubli où les ont méchamment laissés jusqu'ici tous les moralistes de l'Europe. On prétend que les bêtes n'ont pas de droit ; on se persuade que notre conduite à leur égard n'importe en rien à la morale, ou pour parler le langage de cette morale-là, qu'on n'a pas de devoirs envers les bêtes :

doctrine révoltante, doctrine grossière et barbare, propre à l'Occident, et qui a sa racine dans le judaïsme. En philosophie toutefois on la fait reposer sur une hypothèse admise contre l'évidence même d'une différence absolue entre l'homme et la bête : c'est Descartes qui l'a proclamée sur le ton le plus net et le plus tranchant, et en effet, c'était là une conséquence nécessaire de ses erreurs. La philosophie Cartésiano-Leibnizio-Wolfienne avait, à l'aide de notions tout abstraites, bâti la psychologie rationnelle, et construit une *anima rationalis* immortelle ; mais visiblement le monde des bêtes, avec ses prétentions bien naturelles, s'élevait contre ce monopole exclusif, ce brevet d'immortalité décerné à l'homme seul ; et silencieusement, la nature faisait ce qu'elle fait toujours en pareil cas : elle protestait. Nos philosophes sentant leur conscience de savants toute troublée, durent essayer de consolider leur psychologie rationnelle à l'aide de l'empirique ; ils se mirent donc à creuser entre l'homme et la bête un abîme énorme, d'une largeur démesurée : par là ils nous montraient, en dépit de l'évidence, une différence irréductible. C'est de tous ces efforts que Boileau riait déjà :

> Les animaux ont-ils des universités ?
> Voit-on fleurir chez eux des quatre facultés ?

Avec cette théorie, les bêtes auraient fini par ne plus savoir se distinguer elles-mêmes d'avec le monde extérieur, par n'avoir plus conscience d'elles-mêmes, plus de moi ! Contre ces déclarations intolérables, il suffit d'un remède : jetez un seul coup d'œil sur un animal, même le plus petit, le dernier, voyez l'égoïsme immense dont il est possédé : c'est assez pour vous convaincre que les bêtes ont bien conscience de leur moi, et l'opposent bien au monde, au non-moi. Si un cartésien se trouvait entre les griffes d'un tigre, il apprendrait, et le plus clairement du monde, si le tigre sait faire une différence entre le moi et le non-moi ! A ces sophismes des philosophes répondent les sophismes du peuple : tels sont certains idiotismes, notamment ceux de l'allemand qui, pour le manger, le boire, la conception, l'enfantement, la mort, un cadavre, quand il s'agit des bêtes, a des termes spéciaux, tant il craindrait d'employer les mêmes mots que pour les hommes : il réussit ainsi à dissimuler, sous la diversité des termes, la parfaite identité des choses. Les langues anciennes ne connaissaient pas cette synonymie-là, et naïvement elles appelaient d'un même nom des choses qui sont les mêmes ; il faut donc que ces idées artificielles soient une invention de la prêtraille d'Europe : un tas de sacrilèges, qui ne savent par quels moyens rabaisser, vilipender l'essence éternelle qui vit au fond de tout être animé. Par là ils sont arrivés à établir en Europe ces méchantes habitudes de dureté et de cruauté envers les bêtes, qu'un homme de la Haute-Asie ne saurait voir sans une juste horreur. En anglais, nous ne trouvons pas cette infâme invention : cela sans doute tient à ce que les Saxons, au moment de la conquête d'Angleterre, n'étaient point encore chrétiens. Toutefois on en retrouve le pendant, dans cette particularité de la langue anglaise : tous les noms d'animaux y sont du genre neutre, et par suite quand on veut les remplacer, on se sert du pronom *it* (*il* au neutre), absolument comme pour les objets inanimés ; rien de plus choquant que cette façon, surtout quand on parle des primates, du chien par exemple, du singe, etc. : on ne saurait méconnaître là une fourberie des prêtres pour rabaisser les animaux au rang des choses. Les anciens Égyptiens, pour qui la religion était l'unique affaire de la vie, déposaient dans les mêmes tombeaux les momies humaines et celles des ibis, des crocodiles, etc. : mais en Europe, ce serait une abomination, un crime, d'enterrer le chien fidèle auprès du lieu où repose son maître, et pourtant c'est sur cette tombe parfois que, plus fidèle et plus dévoué que ne fut jamais un homme, il est allé attendre la mort. — Si vous voulez reconnaître jusqu'où va, pour l'apparence phénoménale, l'identité entre la bête et l'homme, rien ne vous y conduira mieux qu'un peu de zoologie et d'anatomie : que dire, quand on voit aujourd'hui (1839) un anatomiste cagot se travailler pour établir une distinction absolue, radicale, entre l'homme et l'animal, allant même jusqu'à s'en prendre aux vrais zoologistes, à ceux qui, sans lien avec la prêtraille, sans platitude, sans tartuferie, se laissent conduire par la nature et la vérité ; jusqu'à les attaquer ; jusqu'à les calomnier !

Il faut vraiment être bouché, avoir été endormi comme au chloroforme par le *fœtor judaïcus* (1), pour méconnaître cette vérité : que dans l'homme et la bête, c'est le principal, l'essentiel qui est identique, que ce qui les distingue, ce n'est pas l'élément premier en eux, le principe, l'archée, l'essence intime, le fond même des deux réalités phénoménales, car ce fond, c'est en l'un comme en l'autre *la volonté* de l'individu ; mais qu'au contraire, cette distinction, c'est dans l'élément secondaire qu'il faut la chercher, dans l'intelligence, dans le degré de la faculté de connaître : chez l'homme, accrue qu'elle est du pouvoir d'abstraire, qu'on nomme *Raison*, elle s'élève incomparablement plus haut ; et pourtant, cette supériorité ne tient qu'à un plus ample développement du cerveau, à une différence dans une seule partie du corps, et encore, cette différence n'est que de quantité. Oui, l'homme et l'animal sont, et pour le moral et pour le physique, identiques en espèce ; sans parler des autres points de comparaison. Ainsi on pourrait bien leur rappeler, à ces occidentaux judaïsants, à ces gardiens de ménagerie, à ces adorateurs de la Raison, que si *leur* mère les a allaités, les chiens aussi ont la leur pour les nourrir. Kant est tombé dans cette faute, qui est celle de son temps et de son pays : je lui en ai déjà fait le reproche. La morale du christianisme n'a nul égard pour les bêtes : c'est en elle un vice, et il vaut mieux l'avouer que l'éterniser ; on doit au reste d'autant plus s'étonner de l'y trouver, que cette morale, pour tout le reste, est dans un accord frappant avec celles du Brahmanisme et du Boudhisme : seulement elle est moins forte dans ses expressions, et ne tire pas les conséquences dernières de

1. La puanteur juive. (TR.)

son principe. Les choses vont même à ce point que cette morale, on ne peut guère en douter, semblable en cela à la théorie du Dieu fait homme (Avatar), est née dans l'Inde, et a dû venir par l'Égypte en Judée ; le christianisme ainsi serait un reflet d'une lumière dont le foyer est dans l'Inde, mais qui s'étant réfléchie sur les ruines de l'Égypte, par malheur est venue tomber sur le sol juif. On a un *symbole* ingénieux de ce défaut qu'on trouve à la morale chrétienne, malgré qu'ailleurs elle s'accorde si bien avec celle de l'Inde : c'est l'histoire de Jean Baptiste, ce personnage qui vient à nous avec l'aspect même d'un sanyasi hindou, mais... vêtu de peaux de bêtes ! On le sait, aux yeux d'un Hindou, c'eût été là une abomination ; à telles enseignes, que lorsque la Société Royale de Calcutta reçut l'exemplaire qu'elle possède des Védas, ce fut à la condition de ne pas le faire relier selon l'usage européen, avec du cuir : aussi le voit-on dans sa bibliothèque, relié en soie. On a un autre contraste tout semblable : c'est d'une part la pêche miraculeuse de Pierre, que le Sauveur bénit, tant et tant, que la barque est sur le point de couler bas sous la charge du poisson ; et d'autre part l'histoire de Pythagore qui, initié à la sagesse des Égyptiens, achète à des pêcheurs leur coup de filet avant qu'ils l'aient retiré, pour rendre aux poissons prisonniers la liberté (Apulée, *De magia*, p. 36, éd. des Deux-Ponts). — Entre la pitié envers les bêtes et la bonté d'âme il y a un lien bien étroit : on peut dire sans hésiter, quand un individu est méchant pour les bêtes, qu'il ne saurait être homme de bien. On peut d'ailleurs montrer que cette pitié et les vertus sociales ont la même source. On voit par exemple les personnes d'une sensibilité délicate, au seul souvenir d'un moment où par mauvaise humeur, par colère, échauffées peut-être par le vin, elles ont maltraité leur chien, ou leur cheval, ou leur singe, sans justice ou sans nécessité, ou plus que de raison, être saisies d'un regret aussi vif, se trouver aussi mécontentes d'elles-mêmes, qu'elles pourraient l'être au souvenir d'une injustice exercée contre un de leurs semblables et que leur conscience vengeresse leur rappellerait. Je me souviens d'avoir lu l'histoire d'un Anglais qui dans l'Inde, à la chasse, avait tiré un singe : ce singe en mourant eut un regard que l'Anglais ne peut jamais oublier : depuis il ne tira pas une fois un singe. De même William Harris, un vrai Nemrod, qui par amour de la chasse, s'enfonça durant les années 1836 et 1837 jusqu'au cœur de l'Afrique. Dans son voyage, publié à Bombay en 1838, il raconte qu'après avoir tué son premier éléphant (c'était une femelle), il revint le lendemain matin chercher la bête morte ; tous les autres éléphants s'étaient enfuis ; seul le petit de la femelle tuée était resté toute la nuit auprès du corps de sa mère ; oubliant toute timidité, avec tous les signes de la douleur la plus vive, la plus inconsolable, il vint au-devant du chasseur, l'enlaça de sa petite trompe, pour lui demander secours. Là, dit Harris, je ressentis un vrai regret de ce que j'avais fait, et il me vint à l'esprit que j'avais commis un meurtre. Cette nation anglaise, avec ses sentiments si délicats, nous la voyons prendre le pas sur les autres, se distinguer par son extraordinaire compassion envers les bêtes, en donner à chaque instant des marques nouvelles ; cette compassion, triomphant de cette « superstition refroidie » qui à d'autres égards dégrade la nation, a pu la décider à combler par des lois la lacune que la religion avait laissée dans la morale. Cette lacune est cause en effet qu'en Europe et dans l'Amérique du Nord, nous avons besoin de sociétés protectrices des animaux. En Asie les religions suffisent à assurer aux bêtes aide et protection, et là personne ne songe à de pareilles sociétés. Toutefois en Europe aussi de jour en jour s'éveille le sentiment des droits des bêtes, à mesure que peu à peu disparaissent, s'évanouissent, d'étranges idées de domination de l'homme sur les animaux (comme si le règne animal n'avait été mis au monde que pour notre utilité et notre jouissance) ; car c'est grâce à ces idées que les bêtes ont été traitées comme des choses. Telles sont bien les causes de cette conduite grossière, de ce manque absolu d'égards, dont les Européens sont coupables envers les bêtes ; et j'ai fait voir la source de ces idées, qui est dans l'Ancien Testament, au § 177 du 2e vol. de mes *Parerga*. Il faut le dire encore à la gloire des Anglais, ils sont les premiers chez qui le législateur ait sérieusement entrepris de protéger aussi les bêtes contre des traitements cruels : là, le gredin qui fait souffrir des animaux le paie, et il n'importe que les victimes soient sa propriété. Ce n'est pas assez : à Londres une société s'est formée spontanément pour la protection des bêtes, *Society for the prevention of cruelty to animals* (1) ; avec ses ressources privées, à grands frais, elle travaille activement à préserver les bêtes de toute torture. Elle a des émissaires secrets qui vont partout, qui ensuite dénoncent quiconque torture ces êtres incapables de parler, mais non de souffrir : il n'est pas d'endroit où l'on n'ait à redouter leur regard (2). Auprès des ponts de Londres, où la pente

1. Société pour prévenir les cruautés envers les animaux. (TR.)

2. On va voir si cela est sérieux, par un exemple tout récent, que j'emprunte au *Birmingham-Journal* de décembre 1839 : « Arrestation d'une société de quatre-vingt-quatre amateurs de combats de chiens. — La Société des Amis des animaux avait appris qu'hier sur l'esplanade, rue du Renard, devait avoir lieu un combat de chiens ; elle prit des mesures pour s'assurer le concours de la police : un fort détachement de police marcha en effet vers le lieu du combat, et le moment venu, arrêta toutes les personnes présentes. Tous ces complices furent attachés deux par deux, menottes aux mains ; une longue corde qui passait entre eux reliait toutes les files ; en cet appareil, ils furent conduits au bureau de police, où siégeaient le maire et le juge de paix. Les deux chefs furent condamnés chacun à une amende de 1 livre sterling, plus 8 schellings 1/2 de frais, la durée de la contrainte par corps étant fixée à quatorze jours de travail pénible dans une maison de correction. Les autres furent relâchés. » — Tous ces beaux-fils, qui ne manquent pas une occasion de goûter ce plaisir et d'autres aussi nobles, ont dû avoir au milieu de cette procession l'air un peu gêné. — Un exemple plus frappant encore et plus récent s'offre à moi dans le *Times* du 6 avril 1855, p. 6, et de plus, c'est ce journal lui-même qui se fait ici l'exécuteur. Il raconte un fait qui vient d'être évoqué devant les tribunaux : il s'agit de la fille d'un opulent baronet écossais, qui, pour avoir cruellement maltraité son cheval à coup de rondin et à coups de couteau, s'est vue condamner à 5 livres sterling d'amende. Mais pour elle, qu'est-ce que cela ? Elle resterait donc en fait impunie, si le *Times* n'intervenait pour lui infliger un châtiment convenable et qui la touche ; il

est si rude, la Société entretient un couple de chevaux qui prêtent leur renfort pour rien aux voitures lourdement chargées. N'est-ce pas là un beau trait ? N'emporte-t-il pas notre approbation aussi bien que le ferait un acte de bienfaisance envers des hommes ? De son côté, la *Philanthropic Society*, à Londres, a proposé un prix de 30 livres sterling, pour l'ouvrage où seraient le mieux exposées les raisons de morale propres à nous détourner de tourmenter les animaux : il est vrai qu'il fallait emprunter ces raisons surtout au christianisme, ce qui ne rendait pas la tâche facile : le prix fut attribué en 1839 à M. Macnamara. Il existe à Philadelphie une société qui a le même objet, l'*Animals friends Society* (1). C'est au président de cette société que T. Forster, un Anglais, a dédié son livre intitulé *Philozoiaa, moral reflections on the actual condition of animals and means of improving the same* (Bruxelles, 1839). (2) Le livre est original et bien écrit. Naturellement l'auteur, en bon Anglais, s'efforce d'appuyer de l'autorité de la Bible ses exhortations à l'humanité envers les bêtes (3), mais il

imprime, à deux reprises, en gros caractères, les noms et prénoms de la jeune fille, et continue en ces termes : « Nous ne pouvons nous empêcher de le dire : deux mois de prison, sans compter quelques bons coups de verges, appliqués dans le secret, mais par quelques solides gaillardes du Hampshire, auraient été un châtiment beaucoup plus convenable pour Miss. N.N. Une malheureuse de son espèce a perdu tous les droits aux égards et tous les privilèges qui appartiennent à son sexe ; nous ne pouvons plus la regarder comme une femme. » — Je dédie ces articles de journaux en particulier aux associations qui se sont déjà formées en Allemagne contre les mauvais traitements infligés aux animaux ; elles y verront comment il faut s'y prendre si l'on veut compter pour quelque chose. Toutefois je dois ici payer un juste hommage au zèle méritoire dont fait preuve M. Perner, conseiller de la cour à Munich, qui s'est dévoué entièrement à cette œuvre de bienfaisance, et qui propage ce même élan dans toute l'Allemagne.

1. La Société des Amis des animaux. (TR.)

2. L'amour des animaux, considérations morales sur la condition présente des bêtes, et les moyens de l'améliorer. (TR.)

3. L'expression est dans le texte : « Menschliche Behandlung der Thiere. » (TR.)

n'y réussit nulle part ; il finit par se rattacher à cet argument, que Jésus-Christ étant né dans une étable entre le bœuf et l'âne, nous devons par ce symbole comprendre notre devoir, de considérer les animaux comme des frères et de les traiter en conséquence. — Par tous ces faits, on voit que les idées morales dont il s'agit commencent à se faire entendre aussi dans le monde occidental. Maintenant, pourquoi la pitié envers les bêtes doit-elle ne pas aller parmi nous au point où la poussent les brahmanes, jusqu'à s'abstenir de toute chair ? c'est que dans ce monde, la sensibilité au mal est en raison de l'intelligence : ainsi l'homme, en se privant de toute chair, dans le nord surtout, souffrirait plus que l'animal ne souffre d'une mort brusque et imprévue : encore devrait-on l'adoucir davantage à l'aide du chloroforme. Sans la chair des animaux, l'espèce humaine dans le nord ne pourrait longtemps subsister. C'est encore par cette même raison, que l'homme fait travailler les bêtes pour lui ; et c'est seulement quand on les surcharge d'une tâche excessive, que la cruauté commence.

8. — Laissons de côté pour le moment la métaphysique, ne cherchons pas (la recherche ne serait pourtant peut-être pas impossible) la cause dernière de la pitié, de ce principe, le seul qui puisse produire des actes purs d'égoïsme : regardons-la du côté de l'expérience, n'y voyons qu'un arrangement de la nature. Eh bien ! ce qui frappe alors, le voici : si la nature voulait adoucir le plus possible les innombrables douleurs, si diverses, dont notre vie est faite, auxquelles nul n'échappe, et faire contre-poids à cet égoïsme dont chaque être est plein, qui le dévore, et souvent tourne à la méchanceté, elle ne pouvait rien faire de plus efficace : implanter dans le cœur humain cet instinct merveilleux, qui fait que l'on ressent la douleur de l'autre, cet instinct qui nous parle, qui à l'occasion dit à celui-ci : « sois miséricordieux ! » et à celui-là : « sois secourable ! » et dont la voix est puissante et impérieuse. Certes, il y avait plus de fond à faire pour le bien de tous, sur cet instinct de s'entr'aider, que sur un devoir impératif, de forme générale et abstraite, auquel on parvient après des considérations

d'ordre rationnel, après des combinaisons de notions : que peut-on espérer d'une pareille invention, quand pour les esprits grossiers les propositions générales et les vérités abstraites sont parfaitement inintelligibles, vu que pour eux le concret seul est quelque chose ; quand l'humanité entière, déduction faite d'une fraction imperceptible, a été et sera toujours grossière, le travail physique excessif qui, à la prendre en masse, lui est indispensable pour vivre, ne lui permettant pas de s'élever à la culture intellectuelle ? Au contraire, s'agit-il d'éveiller la pitié, d'ouvrir *cette source, l'unique d'où jaillissent les actions désintéressées*, de nous faire toucher cette *base vraie de la moralité ?* il n'est pas besoin ici de notions abstraites : l'intuition suffit, la connaissance pure et simple d'un fait concret où la pitié se révèle spontanément, sans que l'esprit ait à faire tant de démarches.

9. — Rien n'est plus propre à confirmer ces dernières idées que le fait suivant. En fondant l'éthique comme je l'ai fait, je me suis mis dans la situation de n'avoir pas, parmi tous les philosophes de l'École, un seul prédécesseur ; mon opinion, comparée à leurs théories, est même paradoxale : car plus d'un, ainsi les Stoïciens (Sénèque, *De clementia*, II, 5), Spinoza (*Éthique*, IV, prop. 50), Kant (*Crit. de la R. pratique*, p. 213, R. 257), ont justement pris la pitié à partie, l'ont blâmée. Mais en revanche ma théorie a pour elle l'autorité du plus grand des moralistes modernes : car tel est assurément le rang qui revient à J.-J. Rousseau, à celui qui a connu si à fond le cœur humain, à celui qui puisa sa sagesse, non dans les livres, mais dans la vie ; qui produisit sa doctrine non pour la chaire, mais pour l'humanité ; à cet ennemi des préjugés, à ce nourrisson de la nature, qui tient de sa mère le don de moraliser sans ennuyer, parce qu'il possède la vérité, et qu'il émeut les cœurs. Pour appuyer mon idée, je vais donc prendre la liberté de citer de lui quelques passages : d'ailleurs jusqu'à présent, j'ai été autant que possible avare de citations.

Dans le *Discours sur l'origine de l'inégalité*, p. 91 (éd. des Deux-

Ponts), il dit : « Il y a un autre principe, que Hobbes n'a point aperçu, et qui ayant été donné à l'homme pour adoucir, en certaines circonstances, la férocité de son amour-propre, tempère l'ardeur qu'il a pour son bien-être par une *répugnance innée de voir souffrir son semblable*. Je ne crois pas avoir aucune contradiction à craindre en accordant à l'homme *la seule vertu naturelle* qu'ait été forcé de reconnaître le détracteur le plus outré des vertus humaines. Je parle *de la pitié*, etc. » — P. 92 : « Mandeville a bien senti qu'avec toute leur morale les hommes n'eussent jamais été que des monstres, si la nature ne leur eût donné *la pitié* à l'appui de la raison : mais il n'a pas vu, que *de cette seule qualité découlent toutes les vertus sociales*, qu'il veut disputer aux hommes. En effet, qu'est-ce que la générosité, la clémence, l'humanité, sinon la *pitié*, appliquée aux faibles, aux coupables, ou à l'espèce humaine en général ? La bienveillance et l'amitié même sont, à le bien prendre, des productions d'une pitié constante, fixée sur un objet particulier ; car désirer que quelqu'un ne souffre point, qu'est-ce autre chose, que désirer qu'il soit heureux ?... La commisération sera d'autant plus énergique, que *l'animal spectateur s'identifiera* plus complètement avec *l'animal souffrant*. » — P. 94 : « Il est donc bien certain, que la *pitié* est un sentiment naturel, qui modérant dans chaque individu l'amour de soi-même, concourt à la conservation mutuelle de toute l'espèce. C'est elle qui, dans l'état de nature, tient lieu de lois, de mœurs et de vertus, avec cet avantage, que nul ne sera tenté de désobéir à sa douce voix : c'est elle qui détournera tout sauvage robuste d'enlever à un faible enfant, ou à un vieillard infirme, sa subsistance acquise avec peine, si lui-même espère pouvoir trouver la sienne ailleurs : c'est elle qui, au lieu de cette maxime sublime de justice raisonnée : fais à autrui comme tu veux qu'on te fasse, inspire à tous les hommes cette autre maxime de bonté naturelle, bien moins parfaite, mais plus utile peut-être que la précédente : fais ton bien avec le moindre mal d'autrui qu'il est possible. C'est, en un mot, *dans ce sentiment naturel plutôt que dans les arguments subtils, qu'il faut chercher la cause de la répugnance qu'éprouverait tout homme à mal faire,* même indépendamment des maximes de l'éducation. » — Comparez ce qu'il dit dans *Émile*, liv. IV, pp. 115-120 (éd. des Deux-Ponts), et entre autres, ce passage : « En effet, comment nous laissons-nous émouvoir à la pitié, si ce n'est en nous transportant hors de nous et en nous *identifiant avec l'animal souffrant ; en quittant, pour ainsi dire, notre être, pour prendre le sien ?* Nous ne souffrons qu'autant que nous jugeons qu'il souffre ; *ce n'est pas dans nous, c'est dans lui, que nous souffrons....* Offrir au jeune homme des objets, sur lesquels puisse agir la force expansive de son cœur, qui le dilatent, qui l'étendent sur les autres êtres, qui le fassent partout *se retrouver hors de lui ;* écarter avec soin ceux qui le resserrent, le concentrent, et tendent le ressort *du moi humain*, etc. »

Faute de philosophes de l'École, dont je puisse invoquer l'autorité, j'ajouterai encore ceci : que les Chinois admettent cinq vertus cardinales (Tschang), parmi lesquelles ils placent, au premier rang, la pitié (Sin). Les quatre autres sont : la justice, la politesse, la sagesse et la sincérité (1). De même chez les Hindous, sur les tables commémoratives élevées en souvenir des souverains morts, nous voyons, parmi les vertus dont on les loue, en première ligne, la pitié envers les hommes et les animaux. A Athènes, la Pitié avait un autel en pleine Agora : Ἀθηναίοις δὲ ἐν τῇ ἀγορᾷ ἐστι Ἐλέου βωμός, ᾧ μάλιστα θεῶν, ἐς ἀνθρώπινον βίον καὶ μεταβολὰς πραγμάτων ὅτι ὠφέλιμος, μόνοι τιμὰς Ἑλλήνων νέμουσιν Ἀθηναῖοι. Παυσ, I, 17. (« A Athènes, sur l'Agora, s'élève un autel à la Pitié : entre toutes les divinités, les Athéniens, considérant de quel secours elle est aux hommes dans cette vie si sujette aux changements, lui ont, seuls de tous les Grecs, consacré un culte. ») Lucien aussi parle de cet autel dans le *Timon*,

1. *Journal Asiatique*, vol. IX, p. 62. Cf. *Meng-Tseu*, édition Stanislas Julien, 1824 L. I, § 45 ; et le *Meng-Tseu* des *Livres sacrés de l'Orient*, par Pauthier, p. 281.

§ 19. — Phocion, dans une phrase que nous a conservée Stobée, déclare la Pitié ce qu'il y a de plus saint parmi les hommes : « Οὔτε ἐξ ἱεροῦ βωμόν, οὔτε ἐκ τῆς ἀνθρωπίνης φύσεως ἀφαιρετέον τὸν ἔλεον. » (« Il ne faut enlever, ni au temple l'autel, ni à la nature humaine la pitié. ») Dans la *Sagesse des Indiens*, cette traduction grecque du *Pantscha Tantra*, nous lisons (Sect. 3, p. 220) : « Λέγεται γάρ, ὡς πρώτη τῶν ἀρετῶν ἡ ἐλεημοσύνη. » (« Car, on le dit, la première des vertus, c'est la pitié. ») On le voit, en tout temps, en tout pays, les hommes ont su où prendre la source des bonnes mœurs ; les hommes, excepté les Européens ; et à qui la faute ? sinon à ce *foetor Judaïcus*, qui pénètre partout : il leur faut un devoir qui s'impose, une loi morale, un impératif, bref un ordre et un commandement, pour y obéir : ils ne sortent pas de là, ils ne veulent pas voir qu'au fond de tout cela, ce qui se trouve, c'est l'égoïsme seul. Sans doute, plus d'un, parmi les hommes supérieurs, a senti la vérité, lui a rendu témoignage : tel est Rousseau, tel Lessing, qui, dans une lettre écrite en 1756, dit : « L'homme le plus compatissant est le meilleur des hommes, le mieux né pour toutes les vertus sociales, pour toutes les grandeurs de l'âme. »

§ 20. — *La diversité des caractères au point de vue moral.*

Pour achever de découvrir le fondement sur lequel nous voulons asseoir la morale, il nous reste à satisfaire à une question : d'où viennent les différences si considérables qu'on remarque entre la conduite des différents hommes ? Si la pitié est le ressort de toute justice et de toute charité véritables, c'est-à-dire désintéressées, pourquoi agit-elle sur tel homme et non sur tel autre ? — La morale, qui met au jour les ressorts de toute vie morale, ne pourra-t-elle pas aussi les faire jouer ? Ne peut-elle d'un homme au cœur dur, faire un homme miséricordieux, et du même coup juste et charitable ? Certes non : les différences de caractères sont innés et immuables. Le méchant tient sa méchanceté de naissance, comme le serpent ses crochets et ses poches à venin : ils peuvent aussi peu l'un que l'autre se débarrasser. « *Velle non discitur* (1), » a dit le précepteur de Néron. Platon, dans le *Ménon*, examine longuement ce point : si la vertu peut s'enseigner, oui ou non : il rappelle un mot de Théognis :

ἀλλὰ διδάσκων
Οὔποτε ποιήσεις τὸν κακὸν ἄνδρ' ἀγαθόν.

(« Jamais par tes leçons du méchant tu ne feras un homme de bien. ») Puis il conclut ainsi : « ἀρετὴ ἂν εἴη οὔτε φύσει, οὔτε διδακτόν, ἀλλὰ θείᾳ μοίρᾳ παραγιγνομένη, ἄνευ νοῦ, οἷς ἂν παραγίγνηται. » (« La vertu, sans doute, n'est ni un fruit naturel, ni un effet de l'éducation : mais quand un homme a ce bonheur, de la posséder, c'est sans réflexion, par une faveur divine. ») Par ces mots de φύσει et de θείᾳ μοίρᾳ, il faut entendre ici quelque chose de correspondant au physique et au métaphysique. Déjà le père de l'éthique, Socrate, avait dit, selon Aristote : « Οὐκ ἐφ' ἡμῖν γενέσθαι τὸ σπουδαίους εἶναι, ἢ φαύλους. » (« Qu'il n'est pas en notre pouvoir d'être vertueux ou méprisables. ») (*Grande morale*, I, 9). Aristote lui-même exprime la même pensée : « πᾶσι γὰρ δοκεῖ ἕκαστα τῶν ἠθῶν ὑπάρχειν φύσει πως· καὶ γὰρ δίκαιοι, καὶ σωφρονικοί, καὶ τ' ἄλλα ἔχομεν εὐθὺς ἐκ γενετῆς. » (« Les caractères semblent être ce qu'ils sont par nature : car, si nous sommes justes, prudents, etc., c'est dès notre naissance. ») (*Éthique à Nicomaque*, VI, 13.) Nous retrouvons la même pensée dans des fragments bien anciens, sinon authentiques, ceux du pythagoricien Archytas, conservés par Stobée (*Florilegium*, tit. I, § 77). Même idée dans les *Opuscula Græcorum sententiosa et moralia*, éd. Orelli, vol. II, p. 240.) Voici le passage en dialecte dorien qu'on y trouve : « Τὰς γὰρ λόγοις καὶ ἀποδείξεσιν ποτιχρώμενας δίον ἐπιστάμας ποταγορεύεν, ἀρετὰν δέ, τὰν ἠθικὰν καὶ βελτίσταν

1. « La bonne volonté ne s'apprend pas. » (TR.)

ἕξιν τῷ ἀλόγῳ μέρεος τᾶς ψυχᾶς, καθ᾽ ἃν καὶ ποιοί τινες ἦμεν λεγόμεθα κατὰ τὸ ἦθος, οἷον ἐλευθέριοι, δίκαιοι καὶ σώφρονες. » (« Celles des vertus, auxquelles sert le raisonnement et la démonstration, peuvent être dites des sciences ; mais sous le nom de vertu, nous entendons une disposition morale, la meilleure qui soit, *de la partie non raisonnable de l'âme* : de cette disposition dépend le caractère qu'on nous reconnaît, et qui nous fait appeler généreux, justes, sages. ») Qu'on jette un regard sur cette liste trop courte où Aristote, dans son *De virtutibus et vitiis*, a énuméré toutes les vertus et tous les vices ; on verra que tous doivent être regardés comme des états innés, et ne peuvent être véritables qu'à ce prix ; quand on voudrait se les conférer par un acte de volonté, à la suite de méditations raisonnées, ce serait en somme, pure hypocrisie et mensonge ; aussi, viennent des circonstances pressantes, et il ne faut plus compter qu'elles se conservent et résistent. Autant en peut-on dire de cette autre vertu, la charité : elle fait défaut chez Aristote, comme chez tous les anciens. Aussi, c'est dans le même sens qu'il faut entendre Montaigne quand il dit : « Serait-il vrai, que pour être bon tout à fait, il nous le faille être par occulte, naturelle et universelle propriété, sans loi, sans raison, sans exemple ? (Liv, ch. 11.) Lichtenberg dit également : « Toute vertu préméditée ne tient guère. Ce qu'il faut ici, c'est du sentiment, ou de l'accoutumance. » (*Mélanges : Réflexions morales.*) Et de son côté le christianisme primitif vient confirmer la même doctrine : dans Luc, chap. VI, verset 45, on lit ceci : ὁ ἀγαθὸς ἄνθρωπος ἐκ τοῦ ἀγαθοῦ θησαυροῦ τῆς καρδίας αὐτοῦ προφέρει τὸ ἀγαθόν, καὶ ὁ πονηρὸς ἄνθρωπος ἐκ τοῦ πονηροῦ θησαυροῦ τῆς καρδίας αὐτοῦ προφέρει τὸ πονηρόν. » (« L'homme bon, du trésor de son cœur, tire la bonté ; et le méchant, du trésor de son cœur, la méchanceté. ») Et dans les deux versets précédents, la même vérité est exprimée déjà, sous l'allégorie du fruit, qui toujours vaut ce que vaut l'arbre.

Mais le premier qui ait mis en lumière cette grave vérité, c'est

Kant, dans sa théorie, pleine de grandeur, des *deux caractères :* le caractère *empirique*, qui est de l'ordre des phénomènes, et qui en conséquence se manifeste dans le temps et par une multiplicité d'actions ; puis, au fond, le caractère *intelligible*, c'est-à-dire l'essence de cette même chose en soi, dont l'autre est simplement l'apparence ; ce caractère intelligible échappe à l'espace et au temps, à la multiplicité et au changement. Ainsi, mais non pas autrement, peut s'expliquer cette rigidité, cette immutabilité étonnante des caractères, que la vie nous apprend à reconnaître, et qui est la réponse toujours irréfutable de la réalité, de l'expérience, aux prétentions d'une certaine éthique : j'entends celle qui croit améliorer les mœurs des hommes, et qui nous parle de « progrès dans la vertu » ; tandis que, le fait le prouve assez, la vertu est en nous l'œuvre de la nature, non de la prédication. Si le caractère n'était, en sa qualité de chose primitive et immuable, incapable de s'améliorer par l'effet d'une connaissance plus vraie des choses ; si, tout au contraire, il fallait en croire cette plate morale, et attendre d'elle un perfectionnement des caractères, et par là « un progrès continu vers le bien » ; alors tant de religions avec leur appareil solennel, tant d'efforts faits par les moralistes, auraient dû n'être pas en pure perte, et on devrait, du moins à prendre la moyenne, trouver notablement plus de vertus dans la moitié la plus âgée de l'humanité que dans la plus jeune. Or il n'y a pas trace d'une telle différence, et bien au contraire, si nous attendons quelque chose de bon, c'est plutôt des jeunes gens : quant aux hommes d'âge, la vie a dû les rendre pires. Sans doute, il peut arriver qu'un homme en vieillissant paraisse devenir meilleur, ou moins bon, qu'il ne fut dans sa jeunesse ; la cause en est facile à saisir ; c'est qu'avec l'âge, l'intelligence mûrit et se corrige en mille choses, aussi le caractère se dégage-t-il peu à peu et devient-il de plus en plus clair ; la jeunesse avec son ignorance, ses erreurs, ses chimères, était exposée aux séductions de certains motifs faux, tandis que les véritables lui échappaient ; c'est ce que j'ai exposé, dans le précédent Essai, pp. 50 ss., au paragraphe 3 (1). — Parmi les condamnés, il est vrai, le nombre des jeunes gens dépasse de beaucoup celui des hommes d'âge : c'est que, quand un homme est par son caractère disposé à mal faire, l'occasion ne se fait pas attendre pour lui, de passer à l'exécution, et d'arriver à son but, les galères ou la potence ; et au contraire, quand un homme a passé devant toutes les occasions de mal faire qui s'offrent durant une longue vie, sans y céder, plus tard il ne sera pas davantage facile à tenter. Telle est, à mon sens, la vraie raison du respect que l'on croit devoir aux vieillards : c'est qu'ils ont soutenu l'épreuve d'une longue vie, et conservé toujours leur intégrité ; sans quoi il n'y aurait plus à les respecter. — Cela, chacun le sait bien : aussi ne se laisse-t-on point prendre aux prétentions des moralistes ; quiconque s'est une fois montré un méchant homme, a perdu à jamais notre confiance ; et en revanche, une fois qu'un homme a fait preuve de générosité, quelque changement qui puisse survenir, nous comptons avec confiance sur son bon cœur. « Operari sequitur esse », cette vérité est un héritage fécond que nous tenons de la scolastique : Dans ce monde, tout être agit selon son immuable nature, selon ce qu'il est en soi, selon son *essentia* ; et l'homme de même. Tel vous êtes, telles seront, telles doivent être vos actions : le *liberum arbitrium indifferentiæ* (2) n'est qu'une invention, depuis longtemps sifflée, de la philosophie dans son bas âge ; et il n'y a plus pour traîner ce bagage que quelques vieilles femmes en bonnet de docteur.

Nous avons ramené à trois tous les principes qui font agir l'homme : égoïsme, méchanceté, pitié. Maintenant, s'ils se rencontrent en tout homme, c'est en des proportions incroyablement diverses et qui varient d'individu à individu. Selon les combinaisons, les motifs qui ont prise sur l'individu sont différents, et les actes aussi par conséquent. Sur un caractère égoïste, les

1. Voir *le Libre Arbitre*, trad. Reinach, chap. III. (TR.)
2. « Liberté d'indifférence. » (TR.)

motifs égoïstes auront seuls prise : tout ce qui pousserait à la pitié ou à la méchanceté sera non avenu ; un tel homme ne sacrifiera pas plus ses intérêts pour tirer vengeance d'un ennemi que pour aider un ami. Cet autre, très-ouvert aux pensées méchantes, bien souvent, pour nuire à autrui, n'hésitera pas à se faire le plus grand tort. Il y a de ces caractères qui se font une joie de songer qu'ils sont cause de la douleur d'autrui, au point d'oublier leur propre douleur, si vive qu'elle soit : « *dum alteri noceat, sui negligens* (1) » (Sénèque, de Ira, I, 1). C'est pour eux un plaisir, une passion, d'aller à un combat, où ils s'attendent à recevoir autant de blessures qu'ils en feront : leur a-t-on fait quelque mal, ils sont capables de tuer leur ennemi, et eux-mêmes après, pour fuir le châtiment : les exemples n'en sont pas rares. En regard, plaçons la *bonté d'âme :* c'est un sentiment profond de pitié, étendu à tout l'univers, à tout ce qui a vie, mais surtout à l'homme ; car à mesure que l'intelligence s'élève, grandit aussi la capacité de souffrir ; et les souffrances innombrables, qui s'attaquent à l'homme dans son esprit et dans son corps, ont des droits plus pressants à notre compassion, que les douleurs toutes physiques, et par là même plus obscures, de l'animal. Ainsi la bonté d'abord nous retiendra de faire tort à personne en quoi que ce soit, puis même elle nous excitera à aller au secours de tout ce qui souffre autour de nous. Une fois dans cette voie, un cœur généreux peut y aller aussi loin que peut faire, dans le sens contraire, un méchant, et pousser jusqu'à ce rare excès de bonté, de prendre plus à cœur le mal d'autrui que le sien propre, et de faire pour y remédier tels sacrifices, dont il aura plus à souffrir que ne souffrait son obligé. Et s'il s'agit de venir en aide à plusieurs personnes, à un grand nombre, au besoin c'est sa personne qu'il sacrifiera. Ainsi fit Arnold von Winkelried. Ainsi Paulin, évêque de Nole au cinquième siècle, au moment de l'invasion des

1. « Qu'il puisse nuire aux autres, c'est assez, il oubliera tout. » (TR.)

Vandales, venus d'Afrique en Italie : voici comment Johann von Müller raconte l'histoire (*Hist. univers.*, XI, 10) : « Il avait déjà, pour le rachat des prisonniers, dépensé tous les trésors de l'Église, ses ressources, celles de ses amis : à ce moment, il voit une veuve qui se désespérait, parce qu'on emmenait son fils unique ; il s'offre à sa place pour aller en esclavage. Car alors tout ce qui était d'un âge raisonnable et qui n'avait pas succombé par l'épée, était pris, emmené à Carthage. »

Étant donné ces différences innées, primitives, d'une incroyable variété, entre les caractères, nécessairement il n'y a de prépondérants pour chacun que de certains motifs, ceux auxquels il est le plus sensible ; ainsi parmi les corps, tel ne réagit que sur les acides, tel autre, que sur les bases : et ces dispositions sont également impérieuses d'un et d'autre côté. Les motifs qui se tirent de la charité, et qui ont tant de pouvoir sur un bon cœur, ne peuvent par eux-mêmes rien, sur une âme ouverte aux seuls conseils de l'égoïsme. Si donc on veut amener un égoïste à faire un acte de charité, il n'y a pour cela qu'un moyen : faire briller à ses yeux *tel avantage personnel* que lui procurera, par un enchaînement quelconque de conséquences, l'effort qu'il aura fait pour adoucir les maux d'autrui (et d'ailleurs, que font les doctrines morales, pour la plupart, si ce n'est de tâcher à nous séduire ainsi ? les moyens seuls varient). Or, ce faisant, on induit en erreur la volonté de l'égoïste ; on ne l'améliore pas. Ce qu'il faudrait pour l'améliorer, c'est de pouvoir changer l'espèce de motifs à laquelle il est accessible ; ainsi, de faire qu'à celui-ci la souffrance d'autrui ne fût plus par elle-même quelque chose d'indifférent : que celui-là ne trouvât pas son plaisir à être cause des maux des autres ; qu'auprès de ce dernier, tout ce qui peut ajouter à son bien-être, si peu que ce soit, n'effaçât pas, n'anéantît pas toute autre raison. Malheureusement cela est impossible, beaucoup plus certainement impossible, que de changer le plomb en or. Car il faudrait d'abord prendre à un homme son cœur et le lui changer, transformer en un mot ce qui lui est le plus intime. Or, tout ce qu'on peut, c'est de répandre la lumière dans sa tête, de corriger ses idées, de lui faire comprendre mieux la réalité, les choses de la vie. Et après cela, qu'a-t-on obtenu ? que la nature de sa volonté s'exprimât avec plus de logique, de de clarté, de décision. Et en effet, plus d'une bonne action sans doute est inspirée d'idées fausses, d'illusions, imposées à bonne intention, touchant une récompense à obtenir en ce monde ou dans l'autre ; mais bien des fautes aussi ont pour cause une notion fausse des choses humaines. Cette vérité sert de principe au système pénitentiaire des Américains : là, le but n'est pas d'améliorer le cœur du coupable, mais simplement de lui remettre la tête d'aplomb, de l'amener à comprendre, que s'il y a un moyen sûr et aisé d'arriver au bien-être, c'est le travail et l'honnêteté, non la friponnerie.

A l'aide de motifs choisis, on peut imposer aux hommes la *légalité*, mais la *moralité*, non pas ; on peut changer leur *conduite*, mais non leur *volonté* en elle-même : or c'est de la volonté seule que vient toute valeur morale. On ne peut pas changer le but que poursuit la volonté, mais seulement le chemin qu'elle se fraye pour y arriver. Avec l'instruction, vous agissez sur le choix des moyens, non sur celui de la fin dernière de tous les actes : cette fin, c'est la volonté de l'individu qui se la propose, et en cela, elle suit sa nature primitive. On peut faire voir à un égoïste qu'en renonçant à un petit avantage il en peut réaliser un plus grand ; au méchant que pour causer à autrui de la souffrance, il s'en inflige une plus vive. Mais quant à réfuter l'égoïsme, la méchanceté, en eux-mêmes, c'est ce qui ne se peut pas ; non, pas plus que de prouver au chat qu'il a tort d'aimer les souris. De son côté, la bonté peut, grâce à un perfectionnement des idées, à une connaissance plus profonde des rapports des hommes entre eux, en un mot, à une plus grande lumière répandue dans l'esprit, parvenir à exprimer sa nature d'une façon plus conséquente et plus achevée : ainsi, en apprenant les effets éloignés de nos actions pour les autres, les souffrances que leur cause par exemple, à travers une longue série d'intermédiaires, et dans la suite du temps, telle ou telle action qu'elle n'eût pas crue si funeste ; ou bien encore, en s'instruisant des conséquences fâcheuses d'une action bien intentionnée, comme serait le pardon accordé à un coupable ; et surtout en s'instruisant du droit qu'a la maxime « Neminem læde », de passer avant le « Omnes juva », etc. En ce sens, oui, il y a une éducation morale, il y a une éthique propre à améliorer les hommes : mais elle ne peut rien de plus. La limite ici est facile à voir : la tête s'éclaire, mais le cœur demeure ce qu'il était. Ainsi l'essentiel, l'élément décisif, dans les choses morales, comme dans les choses intellectuelles et physiques, c'est l'*inné* : L'art ne peut venir qu'en sous-ordre. Chacun est ce qu'il est, « par la grâce de Dieu, » *jure divino*, *θείᾳ μοίρᾳ*.

« Du bist am Ende — was du bist.
Setz'dir Perrücken auf von millionen Locken,
Setz'deinen Fuss auf ellenhohe Socken ;
Du bleibst doch immer was du bist » (1).

Mais j'entends le lecteur qui depuis un moment déjà me demande : à qui attribuer la faute et le mérite ? — A qui ? veuillez regarder le § 10. Ce que j'aurais à répondre, j'ai déjà trouvé là l'occasion de le placer : ma pensée sur ce sujet tient par un lien étroit à la doctrine de Kant sur la coexistence de la liberté et de la nécessité. Je prie donc le lecteur de relire ce passage. Selon ce qui y est exposé, l'*operari*, l'action, étant donnés les motifs, se produit nécessairement : dès lors la liberté, qui a pour signe unique la *responsabilité*, ne peut appartenir qu'à l'*esse*, à l'être en soi. Sans doute, au premier coup d'œil, ostensiblement, c'est sur notre acte que portent les reproches de notre conscience ; mais en

1. Tu es en fin de compte... ce que tu es.
Mets-toi sur la tête une perruque à un million de marteaux,
Chausse un cothurne haut d'une aune :
Tu n'en demeures pas moins ce que tu es. ».
(*Faust*, 1re partie. Un cabinet d'étude.) (TR.)

réalité, au fond, ils portent contre ce que nous sommes ; nos actes ne sont qu'un indice, d'ailleurs irrécusable, car ils sont à notre caractère ce que les symptômes sont à la maladie. C'est donc à cet *esse*, à ce que nous sommes, que doivent s'attacher aussi la faute et le mérite. Ce que nous respectons et aimons, ce que nous méprisons et haïssons en un homme, ce n'est pas une apparence changeante et variable, mais un fond solide, à jamais immuable : ce fond, c'est *son être*. Et quand nous revenons sur notre premier sentiment, nous ne disons pas : il a changé ; mais bien : je m'étais trompé sur son compte. S'agit-il de nous, de la satisfaction ou du mécontentement que nous avons à nous contempler ? c'est encore à nous-mêmes, à l'être que nous sommes, et que nous serons à jamais et irrévocablement, que ces sentiments-là s'adressent : et la même vérité s'applique aussi aux qualités de l'intelligence, bien plus, aux traits de la physionomie. Comment dès lors ne serait-ce pas à notre être que doivent être rapportés la faute et le mérite ? — Nous faisons donc une connaissance de jour en jour plus ample avec nous-mêmes ; le *registre de nos actes* va se remplissant : ce registre, c'est la *conscience*. Le thème sur lequel s'exerce notre conscience, c'est avant tout nos actes, ceux de nos actes où, la pitié nous ordonnant au moins de ne pas nuire aux autres, et même de leur prêter aide et secours, nous sommes restés sourds à sa voix, pour écouter l'égoïsme, la méchanceté peut-être, ou bien, méprisant ces deux sortes de tentations, nous lui avons obéi. On peut par celle de ces deux alternatives où nous nous sommes arrêtés, mesurer la distance que nous mettons *entre nous et les autres*. C'est par cette distance qu'il faut juger du degré de notre valeur morale ou de notre immoralité, de ce qu'il y a en nous de justice et de charité, ou bien de dispositions contraires. Peu à peu s'accroît la liste de celles de nos actions dont le témoignage sur ce point est significatif : l'image de notre caractère s'achève ainsi trait par trait, et nous arrivons à nous connaître nous-mêmes. Alors aussi se forment des sentiments de satisfaction ou de mécontentement, au sujet de ce que *nous sommes*, et ici tout dépend d'un point : est-ce l'égoïsme, la méchanceté, ou la pitié qui l'a emporté en nous ? la différence que nous maintenons entre notre personne et les autres, est-elle grande ou faible ? Et c'est d'après la même règle, que nous jugeons les autres : car leurs caractères aussi, comme les nôtres, nous sont connus par la seule expérience, avec moins de profondeur, il est vrai : alors nos sentiments se nomment approbation, estime, respect, ou bien blâme, dédain, mépris, au lieu que tout à l'heure, quand il s'agissait de nous, c'était le contentement ou le mécontentement, un mécontentement qui pouvait aller jusqu'au remords. Veut-on une preuve de plus, que nos reproches, quand ils s'adressent aux autres, portent sur leurs actes en premier lieu, mais *au fond* visent leur caractère en ce qu'il a d'immuable ? que nous considérons en ces moments la vertu et le vice comme propriétés essentielles à l'être, tenant à son fond ? Eh bien ! que l'on examine tant d'expressions, si ordinaires ; « Maintenant je vois ce que tu es ! » — « Je me suis trompé sur ton compte. » — « Now I see what you are ! » — « Voilà donc, comme tu es ! » (1) — « Je ne suis pas de ceux-là ! » — « Je ne suis pas homme à vous en imposer », et autres analogues. Et celle-ci : « les âmes bien nées (2) » ; de même en espagnol, « bien nacido » ; εὐγενής, εὐγένεια, signifiant vertueux, vertu ; « generosioris animi amicus (3) », etc.

Si la raison est nécessaire à la conscience, c'est simplement parce que sans elle il n'est pas de récapitulation claire et suivie de nos actes. Il est dans la nature des choses, que la conscience parle seulement *après coup* : aussi dit-on en ce sens qu'elle est un *juge*. Si on dit qu'elle se prononce d'avance, c'est dans un sens impropre : elle ne le peut qu'indirectement, grâce à ce que, raisonnant d'après des cas analogues qui nous reviennent en mémoire, nous prévoyons le mécontentement que nous causerait une

1. En français, et *sic*, dans le texte. (TR.)
2. En français dans le texte. (TR.)
3. « Ami à l'âme généreuse. » (TR.)

récidive. — Telle est donc la conscience, du moins considérée comme fait moral : en elle-même, elle demeure un problème de métaphysique ; ce problème ne touche pas directement à la présente question, toutefois il sera abordé dans notre dernier chapitre. — La conscience est ainsi purement la connaissance que nous prenons de notre caractère immuable, grâce à nos actes ; et ce qui nous le démontre bien encore, le voici : on sait combien varie d'homme à homme la sensibilité à tel ou tel genre de motifs, intérêt, méchanceté, pitié ; c'est même de là que dépend toute la valeur morale de l'homme : eh bien ! ce trait distinctif de l'individu ne s'explique en aucune autre manière ; l'instruction ne le produit pas ; il ne naît pas dans le temps, ne se modifie pas : il est inné, immuable, soustrait à tout changement. Ainsi une vie tout entière, avec tous ces travaux qui l'emplissent, est comme un cadran d'horloge, qui a pour ressort caché le caractère ; c'est un miroir dans lequel seul chacun peut voir, par les yeux de l'intelligence, la nature de sa volonté en elle-même, son essence propre.

Si le lecteur prend la peine d'embrasser d'un coup d'œil toute la présente théorie, avec ce qui est dit au § 10, déjà cité, il découvrira dans ma façon d'établir l'éthique, une logique, dans mes idées un ensemble, qui manquent à toutes les autres doctrines ; sans parler d'une harmonie de ma pensée avec les faits de l'expérience, qui manque plus encore ailleurs. Car il n'y a que la vérité pour demeurer d'accord avec elle-même et avec la nature : tous les principes faux sont en lutte, chacun contre lui-même, et contre l'expérience : car l'expérience, silencieusement, à chaqu pas que font ces doctrines, dépose une protestation.

Certes ces vérités, surtout celles par où je conclus ici, n'iront pas moins se heurter de front à des préjugés et des erreurs, et nommément à certaine morale d'école primaire, aujourd'hui à la mode : je le sais bien, et je n'en ai ni souci ni remords. Car d'abord, ici je ne parle pas à des enfants, ni au peuple, mais à une Académie d'hommes éclairés, qui me pose une question toute théorique, et relative aux vérités les plus fondamentales de l'éthique ; et qui, à une question si profondément sérieuse, attend une réponse sérieuse aussi; ensuite, je tiens qu'il n'est pas d'erreur privilégiée, pas d'erreur utile, pas d'erreur même qui ne soit nuisible : toute erreur produit infiniment plus de mal que de bien. — Que si toutefois on veut prendre les préjugés pour mesure du vrai, ou pour la borne que nul ne doit passer dans l'exposition de ses idées, alors qu'on laisse tomber tout à fait les facultés de philosophie et les Académies : ce sera plus loyal : car là où la réalité n'est pas, ne doit pas être l'apparence.

CHAPITRE IV

D'UNE EXPLICATION MÉTAPHYSIQUE DU FAIT PRIMORDIAL EN MORALE.

§ 21. — *Un éclaircissement sur cet appendice.*

J'ai maintenant achevé d'expliquer le principe de la moralité pris comme un pur fait ; j'ai montré que de lui seul découle toute justice désintéressée, toute charité vraie : et de ces deux vertus cardinales sortent toutes les autres. C'en est assez pour fonder l'éthique, en un sens du moins : car cette science, de toute nécessité, doit reposer sur quelque base réelle, saisissable et démontrable, choisie soit dans le monde extérieur, soit dans celui de la conscience ; à moins qu'on ne veuille, à la façon de plus d'un de mes prédécesseurs, prendre arbitrairement quelque proposition abstraite, pour en déduire les préceptes de la morale ; ou bien, à la manière de Kant, partir d'une pure notion, celle de la *loi*. J'ai donc, je crois, dès à présent satisfait à la question posée par la Société Royale : car il ne s'y agissait que du fondement de la morale, et l'on n'y réclamait pas par surcroît une métaphysique propre à porter ce fondement même. Toutefois, je le sens bien, l'esprit humain n'est pas pour si peu entièrement content, et ne se repose pas là-dessus à jamais. Il lui arrive ici comme à la fin de toute recherche et de toute science touchant la réalité : il se trouve en face d'un fait primordial ; ce fait rend bien compte de tout ce qui se trouve enfermé dans le concept que nous en avons, et de tout ce qui en résulte, mais lui-même demeure inexpliqué, et nous offre un problème. Ici aussi, donc, une *métaphysique* est visiblement nécessaire ; une métaphysique, c'est-à-dire une explication des faits primordiaux en ce qu'ils ont de primordial, et, ces faits s'y trouvant considérés d'ensemble, une explication de l'univers. De là naît pour nous cette question : pourquoi la réalité qui s'offre à nos sens et à notre intelligence, est-elle comme elle est et non pas autrement ? par quelle conséquence, étant donnée l'essence intime des choses, leur phénomène prend-il le caractère qu'on vient de lui voir ? Nulle part plus qu'en morale, la nécessité d'une explication métaphysique n'est pressante : car il est un point sur lequel s'accordent tous les systèmes, philosophiques ou religieux : c'est que la signification morale des actions enveloppe une signification métaphysique, une signification qui dépasse la région du pur phénomène, qui va plus haut que toute expérience possible, et qui touche de plus près à la question de l'existence de l'univers, à celle de la destinée humaine ; car de degré en degré, quand l'esprit cherche la raison de toute existence, il s'élève à ce sommet suprême : le bien moral. C'est ce dont on peut s'assurer encore à l'aide d'un fait indéniable, la tournure que prennent nos pensées à l'approche de la mort : alors, que l'homme soit attaché aux dogmes de quelque religion, ou non, il n'importe ; sa pensée devient toute morale, et s'il veut faire un examen de sa vie entière, c'est au point de vue de la morale qu'il se place. Ici le témoignage des Anciens est d'un poids particulier : eux n'avaient pas subi l'influence du christianisme. Je dirai donc que cette vérité avait été déjà exprimée dans un passage attribué au vieux législateur Zaleukos, mais qui, selon Bentley et Heyne, est de quelque pythagoricien ; c'est Stobée qui nous l'a conservé : « *Δεῖ τίθεσθαι πρὸ ὀμμάτων τὸν καιρὸν τοῦτον, ἐν ᾧ γίγνεται τὸ τέλος ἑκάστῳ τῆς ἀπαλλαγῆς τοῦ ζῆν. Πᾶσι γὰρ ἐμπίπτει μεταμέλεια τοῖς μέλλουσι τελευτᾷν, μεμνημένοις ὧν ἠδικήκασι, καὶ ὁρμὴ τοῦ βούλεσθαι πάντα πεπρᾶχθαι δικαίως αὐτοῖς.* » (« Il faut nous mettre devant les yeux cet instant qui pour chacun de nous précède le départ de cette vie. Tous les mourants alors, se souvenant de ce qu'ils ont fait d'injuste, sont pris de regret : ils voudraient que tous leurs actes eussent été justes. » De même, pour rappeler un exemple historique, nous voyons que Périclès, sur son lit de mort, ne voulait plus entendre parler de ses grandes actions; mais seulement de ceci, qu'il n'avait jamais causé d'affliction à aucun citoyen (Plutarque, *Vie de Périclès*). Il me revient à l'esprit un autre exemple, bien différent : je l'ai trouvé dans le compte-rendu des dépositions faites devant un jury anglais : un jeune nègre, de quinze ans, sans éducation, embarqué sur un navire, se trouvait, à la suite de coups reçus dans une rixe, à l'article de la mort : il fit appeler au plus vite tous ses camarades, leur demanda si jamais il avait chagriné ou blessé l'un d'entre eux, et ayant reçu l'assurance qu'il n'en était rien, parut entrer dans une grande paix. On voit cela en toute occasion : un mourant ne manque pas de faire ses efforts pour obtenir le pardon des torts qu'il a pu avoir. Un autre fait vient encore ici à mon aide : autant, pour nos travaux intellectuels, s'agit-il des plus parfaits chefs-d'œuvre du monde, nous recevons volontiers une récompense, si on nous l'offre; autant, quand nous avons accompli quelque acte d'une haute valeur morale, nous repoussons loin de nous toute espèce de salaire. C'est ce qu'on voit surtout après un trait d'héroïsme : un homme a sauvé au péril de sa vie un ou plusieurs de ses semblables; il a beau être pauvre, il n'accepte jamais une rétribution : il le sent bien, son action a une valeur métaphysique, et à être payée, elle la perdrait. Bürger nous a dit en langage poétique ce qui se passe alors dans l'âme d'un homme, à la fin de son *lied* du Brave Homme. Mais la réalité parfois ne diffère pas de la poésie, et j'en ai trouvé plus d'un exemple dans les journaux anglais. — De ces actes, on en rencontre partout, et les différences de religion n'ont rien à y voir. Toute vie aspire à quelque fin morale et métaphysique, et cela est si vrai, que si la religion ne l'expliquait précisément en ce sens, elle n'aurait aucune racine : c'est par ce qu'elle a de moral qu'elle prend pied dans les âmes. Chaque religion fait de son dogme la base même de ce besoin moral, que tout homme sent et pourtant ne s'explique pas : entre les deux, elle met un lien si étroit, qu'on les croirait inséparables ; et c'est même tout le souci des prêtres, de confondre à nos yeux en une seule chose l'immoralité et l'incrédulité. Et de là précisément vient, que pour le croyant, l'incrédule ne fait qu'un avec le méchant ; et de même nous voyons ces mots, sans-Dieu, mécréant, païen, hérétique, servir de synonymes pour dire méchant. Et ce qui rend la tâche facile aux religions, c'est qu'elles regardent la *foi* comme leur étant acquise : alors cette foi elles exigent qu'on l'applique à leur dogme ; le tout à l'aide de menaces. Mais les systèmes de philosophie n'ont pas la partie aussi belle : en les examinant tous, on voit qu'ils sont aussi mal à leur aise pour rattacher leur éthique à une métaphysique, que pour lui assigner un fondement. Et pourtant c'est là une nécessité inéluctable : il faut que l'éthique repose sur la métaphysique ; je l'ai fait voir dans mon introduction, en m'appuyant sur l'autorité de Wolff et de Kant.

Or de tous les problèmes dont peut s'occuper l'esprit humain, le problème métaphysique est le plus embarrassant : à tel point que nombre de philosophes l'ont cru insoluble. Pour moi, dans la circonstance présente, une difficulté vient s'ajouter à toutes les autres, qui m'est tout à fait particulière : je dois faire ici une étude qui se suffise à elle-même, et je ne peux partir d'aucun système de métaphysique, me réclamer d'aucun : en effet, il me faudrait alors, ou bien l'exposer, ce qui prendrait trop d'espace, ou bien le supposer, ce qui serait fort déplacé. Je ne puis donc ici, pas plus que précédemment, user de la méthode synthétique : il me faut procéder par analyse, aller non pas du principe aux conséquences, mais des conséquences au principe. Or c'est une obligation pénible, de ne pouvoir rien supposer d'admis de n'avoir pour base que ce qui est communément reçu ; j'y ai déjà trouvé tant de difficultés, quand j'établissais le fondement de l'éthique, que maintenant en jetant un coup d'œil en arrière il me semble avoir accompli un tour de force ; c'est comme si j'avais fait à main levée un dessin qu'on ne fait d'ordinaire qu'en posant le bras sur un appui solide. Ici, quand il s'agit de jeter la lumière de la métaphysique sur cette base morale, cette nécessité, de se passer de toute supposition, devient bien autrement gênante : je ne vois qu'un moyen d'en sortir, c'est de m'en tenir à une esquisse générale, d'indiquer les idées au lieu de les développer, de montrer la route qui conduirait au but, au lieu de la suivre jusqu'à la fin, enfin de dire seulement une petite partie de ce que j'aurais eu à dire en toute autre circonstance sur un tel sujet. Mais d'abord, outre les raisons que je viens d'alléguer, je dois encore m'excuser sur ceci, que dans les chapitres précédents j'ai résolu le véritable problème qui m'était proposé : ce qui suit n'est donc qu'un *opus supererogationis* (1), un appendice ajouté de mon plein gré, et qu'il faut prendre comme je le donne.

§ 22. *Fondement Métaphysique.*

Jusqu'ici nous n'avons cessé de marcher sur ce solide terrain de l'expérience : il nous faut l'abandonner, pour nous élever là où nulle expérience ne peut, ne pourra jamais parvenir, et où nous pourrons obtenir une dernière satisfaction dans l'ordre théorique. Heureux si quelque indice, si quelque échappée de lumière, vient nous permettre de nous déclarer contents. Mais ce à quoi nous ne devons pas renoncer, c'est la loyauté dans nos procédés : nous n'irons pas, à l'exemple de ces philosophes, qui se disent successeurs de Kant, nous lancer dans des rêves, débiter des contes, chercher à en imposer au lecteur avec des mots, à lui jeter de la poudre aux yeux ; quelques idées exposées en toute franchise, voilà ce que nous promettons.

Ce qui jusque-là nous avait servi de principe pour tout éclairer, devient maintenant l'objet de notre étude : je veux dire ce sentiment inné à l'homme, ineffaçable en lui, la pitié, seul principe,

1. « Un travail surérogatoire. » (TR.)

nous l'avons vu enfin, de toute *action pure d'égoïsme* : or c'est à de telles actions, à celles-là seules, qu'on reconnaît une valeur morale. Tant de philosophes parmi les modernes considèrent les notions de bien et de mal comme des notions *simples*, c'est-à-dire qui n'ont besoin ni ne sont capables d'aucune explication, et s'en vont là-dessus, d'un air de mystère et de dévotion, parlant d'une *Idée du Bien*, dont ils font la base de leur morale ou dont ils se servent pour masquer la fragilité de cette même morale (1), que je me vois forcé à placer ici un mot d'explication : ces concepts ne sont rien moins que simples et donnés *a priori ;* ils expriment une relation, et nous les prenons dans notre expérience de tous les jours. Tout ce qui est conforme aux désirs d'une volonté individuelle se nomme, par rapport à cette volonté, *bon :* exemples : de bonne nourriture, un bon chemin, un bon présage ; le contraire est dit *mauvais*, et, s'il s'agit d'êtres vivants, *méchant*. Si un homme, en vertu de son caractère, n'aime pas à faire obstacle aux désirs d'autrui, mais plutôt y aide et y concourt selon son pouvoir, ceux qu'il secourt l'appellent, dans le même sens du mot que ci-dessus, un *homme bon :* ainsi l'idée de *bonté* lui est appliquée par un sujet qui en juge toujours d'un point de vue relatif, empirique, et en qualité de patient. Si maintenant nous considérons le caractère de l'homme bon, non plus par rapport aux autres, mais en lui-même, nous voyons alors, par ce qui a été dit précédemment, qu'il prend une part directe au bien et au mal d'autrui ; que la raison en est dans le sentiment de la pitié ; qu'enfin c'est de là que naissent en lui ces deux vertus, la justice et la charité. Si nous revenons à considérer ce qui fait l'essence

1. La notion du *Bien*, prise dans sa pureté, est une *notion primitive*, « une idée absolue, dont le contenu se perd dans l'infini ». (Bouterweck, *Aphorismes pratiques*, p. 54.) On le voit, il s'en faut de peu qu'il ne fasse de cette notion si simple, disons mieux, triviale, du bien, un Διιπετής *, afin de pouvoir la placer, comme une idole dans un temple.

* « Envoyé de Jupiter. » (TR.)

d'un tel caractère, nous le trouvons, à n'en pouvoir douter, en ceci : *personne moins que lui ne fait une différence marquée entre soi-même et les autres*. Aux yeux du méchant, cette différence est assez grande pour que la souffrance d'autrui, par elle-même, lui devienne une jouissance : et cette jouissance, il la recherche, dût-il ne trouver aucun avantage personnel à la chose, dût-il même en éprouver quelque dommage. Cette différence est encore assez grande aux yeux de l'égoïste, pour qu'il n'hésite pas, en vue d'un avantage même léger à conquérir, à se servir de la douleur des autres comme d'un moyen. Pour l'un et l'autre donc, entre le *moi*, qui a pour limites celles de leur propre personne, et le *non-moi*, qui enveloppe le reste de l'univers, il y a un large abîme, une *différence* fortement marquée : « Pereat mundus, dùm ego salvus sim (1) », voilà leur maxime. Pour l'homme bon, au contraire, cette différence n'est point aussi grande ; même, quand il accomplit ses actes de générosité, elle semble supprimée : il poursuit le bien d'autrui à ses propres dépens ; le moi d'un autre, il le traite à l'égal du sien même. Et enfin s'agit-il de sauver *un grand nombre* de ses semblables, il sacrifie totalement son propre moi ; l'individu donne sa vie pour le grand nombre.

Ici une question se pose : cette dernière façon de concevoir le rapport entre mon *moi* et celui d'autrui, qui est le principe de la conduite de l'homme bon, est-elle erronée, vient-elle d'une illusion ? Ou bien, l'erreur ne serait-elle pas plutôt dans l'idée contraire, dans celle qui sert de règle à l'égoïste et au méchant ?

La manière de voir qui est au fond celle de l'égoïste, est parfaitement juste, dans le domaine *empirique*. Au point de vue de l'expérience, la différence entre une personne et celle d'autrui paraît être absolue. Nous sommes divers quant à l'espace : cette diversité me sépare d'autrui, et par suite aussi, mon bien et mon mal de ceux d'autrui. — Mais d'abord, il faut le remarquer, la notion que nous avons de notre propre moi n'est pas de celles qui

1. Périsse l'univers, et que je sois sauvé ! » (TR.)

épuisent le sujet et l'éclairent jusque dans son dernier fond. Grâce à l'intuition que notre cerveau construit avec les données des sens, d'une manière par conséquent indirecte, nous connaissons notre propre corps: c'est un objet dans l'espace; grâce au sens intime, nous connaissons la série continue de nos désirs, des actes de volonté qui naissent en nous à l'occasion de motifs venus du dehors, et enfin les mouvements multiples, tantôt forts, tantôt faibles, de notre volonté elle-même, mouvements auxquels en fin de compte se ramènent tous les faits dont nous avons sentiment. Mais c'est tout : la connaissance ne saurait se connaître à son tour. Le substrat lui-même de toute cette apparence, l'*être en soi*, l'être intérieur, celui qui veut et qui connaît, nous est inaccessible : nous n'avons de vue que sur le dehors ; au-dedans, ténèbres. Ainsi la connaissance que nous avons de nous-mêmes n'est ni complète, ni égale en profondeur à son sujet mais plutôt elle est superficielle ; une partie, la plus grande, la plus essentielle, de nous-mêmes, demeure pour nous une inconnue, un problème ; pour parler avec Kant : le moi ne se connaît qu'en qualité de phénomène, mais ce qu'il peut être en lui-même, il ne le connaît pas. — Or, en cette partie de nous, qui tombe sous notre connaissance, assurément chacun diffère nettement des autres; mais il ne s'ensuit pas encore, qu'il en soit de même pour cette grande et essentielle partie qui demeure pour nous voilée et inconnue. Pour celle-là, il est du moins possible qu'elle soit en nous tous comme un fond unique et identique.

Quel est le principe de toute multiplicité, de toute diversité numérique? — L'espace et le temps : par eux seuls, elle est possible. Le multiple en effet ne peut être conçu ou représenté que sous forme de coexistence ou de succession. Maintenant les *individus* sont une multiplicité de ce genre : considérant donc que l'espace et le temps rendent la multiplicité possible, je les appelle le *principium individuationis* (1), sans m'inquiéter, si c'est bien

1 « Principe d'individuation. » (Tr.)

dans ce sens que les scolastiques employaient cette expression.

Dans toute l'explication du monde telle que l'a donnée, avec sa merveilleuse profondeur, Kant, s'il y a *un seul point* dont la vérité ne puisse faire doute, c'est l'*Esthétique transcendentale*, la théorie du caractère idéal de l'espace et du temps. La base en est si solide, qu'on n'a pu élever contre elle une seule objection vraisemblable. C'est là le triomphe de Kant : on peut la compter, cette théorie, parmi les bien rares doctrines métaphysiques vraiment établies, nos seules conquêtes réelles sur le terrain de la métaphysique. Dans cette théorie donc, l'espace et le temps sont les formes de notre faculté intuitive ; elles lui appartiennent, et en conséquence n'appartiennent pas aux choses, aux objets de cette faculté ; aussi elles ne sauraient désormais être un caractère des choses en soi ; elles ne se rapportent qu'à l'*apparence*, les choses ne pouvant apparaître qu'à ce prix dans un esprit pour qui la connaissance du monde extérieur tient à des conditions physiologiques. Quant à la chose en soi, quant à l'essence vraie du monde, le *temps* et l'*espace* lui sont étrangers. Il faut en dire autant, par suite, de la *multiplicité* : cette essence vraie, qui est sous les innombrables apparences du monde des sens, doit donc être une ; et ce qu'elles manifestent toutes, c'est seulement l'unique, l'essence identique partout. Inversement, ce qui s'offre à nous sous forme de *multiplicité*, donc dans l'espace et le temps, ne saurait être chose en soi, et n'est que *phénomène*. Ce phénomène de plus n'existe par lui-même que pour notre esprit, un esprit soumis à des conditions multiples, et qui même dépend d'une fonction organique : hors de là, il n'est rien.

Dans cette théorie, toute multiplicité est pure apparence ; tous les individus de ce monde, coexistants et successifs, si infini qu'en soit le nombre, ne sont pourtant qu'un seul et même être, qui, présent en chacun d'eux, et partout identique, seul vraiment existant, se manifeste en tous ; cette théorie est peut-être bien plus ancienne que Kant ; on pourrait dire qu'elle a toujours existé. D'abord elle est la première, la plus essentielle des idées contenues dans le plus vieux livre du monde, les *Vedas* sacrés, dont la partie dogmatique, ou pour mieux dire ésotérique (1), se trouve dans les *Oupanischads* (2). Là, presque à chaque pas, nous trouvons cette grande pensée ; elle y est répétée sans cesse, reproduite en toute occasion, à grand renfort d'images et de comparaisons. Elle faisait aussi le fond de la sagesse de Pythagore : si faibles que soient les vestiges de sa philosophie, tels qu'ils nous parviennent, la chose toutefois ne fait pas doute. C'est à cela que se réduit, ou peu s'en faut, toute la doctrine de l'École Eléate : le fait est bien connu. Plus tard les néo-platoniciens furent pénétrés de cette même vérité : ils enseignaient « διὰ τὴν ἑνότητα ἁπάντων πάσας ψυχὰς μίαν εἶναι. » (Que « grâce à l'unité de toutes choses, toutes les âmes n'en font qu'une ».) « Au neuvième siècle, on la voit à l'improviste reparaître, chez Scot Érigène : inspiré qu'il en est, il s'efforce de la faire passer sous les formes et le langage de la religion chrétienne. Parmi les Musulmans, nous la retrouvons dans la mystique exaltée des Soufis. En Occident, Giordano Bruno, pour n'avoir pu résister au besoin de la déclarer, devait expier sa faute par une mort ignominieuse et cruelle. Et pourtant nous voyons les mystiques

1. Réservée aux initiés. (TR.)

2. On a contesté l'authenticité de l'*Oupnekhat*, en se fondant sur certains passagers, qui étaient des gloses marginales ajoutées par les copistes musulmans, puis introduites dans le texte. Mais cette authenticité a été parfaitement établie par les indianistes F. H. H. Windischmann (le fils) dans son *Sancara, sive de theologumenis Vedanticorum*, 1833, p. XIX, et Bochinger, *De la vie contemplative chez les Hindous*, 1831, p. 12. — Le lecteur, même qui ne sait pas le sanscrit, pourra comparer les traductions récentes de quelques Oupanishads, par Rammohun Roy, par Poley, celle de Colebrooke aussi, et même la traduction toute récente de Röer ; il se convaincra entièrement d'une chose : c'est qu'Anquetil, en faisant sa traduction latine, qui est un strict mot à mot, de la traduction persane faite par le martyr de cette doctrine, le sultan Daraschakoh, a eu besoin d'une connaissance exacte, parfaite, du sens des mots : les autres au contraire, procèdent par tâtonnements, par conjectures ; aussi il est bien certain qu'ils sont moins exacts. — Ce point est examiné de plus près dans le second volume des *Parerga*, chap. XVI, § 184.

chrétiens, malgré qu'ils en aient, s'y laisser aller tous autant qu'ils sont. Le nom de Spinoza est devenu synonyme de cette doctrine. De nos jours enfin, Kant ayant achevé d'anéantir le vieux dogmatisme, si bien que le monde étonné en contemple les débris fumants, la même idée a reparu dans la philosophie éclectique de Schelling : Schelling prend les doctrines de Plotin, de Spinoza, de Kant et de Jacob Boehm ; il en fait, avec les données nouvelles des sciences naturelles, un amalgame, du tout compose un ensemble propre à satisfaire un moment les besoins pressants de ses contemporains, et sur ce thème, exécute des variations ; grâce à lui, l'idée se fait accepter chez les hommes compétents de toute l'Allemagne, gagne jusqu'aux gens simplement éclairés, s'étend quasi partout (1). Une seule exception : les philosophes d'université de ce temps. C'est qu'ils ont une rude tâche : de combattre ce qu'on appelle le *panthéisme*, ce qui les met dans un grand embarras, une vraie détresse ; alors, en désespoir de cause, ils appellent à leur aide tantôt les sophismes les plus criants, tantôt les phrases les plus emphatiques, et vont se travaillant pour se ravauder quelque travestissement un peu honnête, dont ils affubleraient leur philosophie, une philosophie de vieille femme, qui est à la mode, et qui est reçue. Bref, le Ἓν καὶ πᾶν (2) fut de tout temps la risée des sots, l'éternel sujet de méditation des sages. Toutefois, on ne le peut démontrer en rigueur qu'avec la théorie de Kant, comme j'ai fait tout à l'heure ; Kant lui-même n'a pas fait ce travail : à la façon des orateurs habiles, il a donné les prémisses, et laissé à l'auditeur le plaisir de conclure.

Donc, la multiplicité, la division n'atteint que le phénomène ; et c'est un seul et même être qui se manifeste dans tout ce qui

1. On peut assez longtemps, chez notre espèce,
Fermer la porte à la raison.
Mais dès qu'elle entre avec adresse,
Elle reste dans la maison,
Et bientôt elle en est maîtresse.

(Voltaire.)

2. « L'un et le tout. » (Tr.)

vit. Ainsi ce n'est pas quand nous supprimons toute barrière entre le moi et le non-moi que nous nous trompons ; c'est bien plutôt dans le cas contraire. Aussi cette dernière façon de voir, les Indous la nomment *Maïa*, c'est-à-dire apparence, illusion, fantasmagorie. L'autre, comme nous l'avons vu, fait le fond même du phénomène de la pitié : la pitié n'en est que la traduction en fait. Ce serait donc là la base métaphysique de la morale ; tout se réduirait à ceci : qu'*un* individu se reconnaîtrait, lui-même et son être propre, en *un autre*. Dès lors la sagesse pratique, la justice, la bonté, s'accorderaient enfin avec les doctrines les plus profondes où soit parvenue la sagesse théorique la plus avancée. Et le philosophe pratique, l'homme juste, bienfaisant, généreux, exprimerait par ses actes la même vérité qui est le résultat dernier des travaux du génie, des recherches laborieuses des philosophes théoriciens. Toutefois la vertu dépasse de beaucoup la sagesse théorique : celle-ci n'est jamais qu'une œuvre imparfaite, elle n'arrive à son but que par une route détournée, celle du raisonnement ; l'autre du premier pas s'y trouve portée. L'homme qui a la noblesse morale, quand le mérite intellectuel lui ferait défaut, révèlerait encore par ses actes une pensée, une sagesse, la plus profonde, la plus sublime : il fait rougir l'homme de talent et de savoir, si ce dernier, par sa conduite, laisse voir que la grande vérité est restée dans son cœur comme une étrangère.

« L'individuation est réelle, le « principium individuationis » et la distinction des individus telle qu'il l'établit, constitue l'ordre des choses en soi. Chaque individu est un être radicalement différent de tous les autres. Dans mon moi seul réside tout ce que j'ai d'être véritable ; tout le reste est non-moi et me reste étranger. » Voilà un jugement en faveur duquel protestent mes os et ma chair, qui sert de principe à tout égoïsme, et qui s'exprime en fait par tout acte dépourvu de charité, injuste ou malicieux.

« L'individuation est une pure apparence ; elle naît de l'espace et du temps, qui sont les formes créées par la faculté de connaître dont jouit mon cerveau, et imposées par elle à ses objets ; la multiplicité aussi et la distinction des individus sont une pure apparence, qui n'existe que dans l'idée que je me fais des choses. Mon être intérieur, véritable, est aussi bien au fond de tout ce qui vit, il y est tel qu'il m'apparaît à moi-même dans les limites de ma conscience. » — Cette vérité, le sanscrit en a donné la formule définitive : « Tat twam asi, » « tu es cela » ; elle éclate aux yeux sous la forme de la pitié, de la pitié, principe de toute vertu véritable c'est-à-dire désintéressée, et trouve sa traduction réelle dans toute action bonne. C'est elle, en fin de compte, que nous invoquons quand nous faisons appel à la douceur, à la charité, quand nous demandons grâce plutôt que justice ; car alors nous ramenons notre auditeur à ce point de vue, d'où tous les êtres apparaissent fondus en un seul. Au contraire l'égoïsme, l'envie, la haine, l'esprit de persécution, la dureté, la rancune, les joies mauvaises, la cruauté viennent de l'autre idée, et s'appuient sur elle. Si nous sommes émus, heureux en apprenant, et plus encore en contemplant, mais surtout en accomplissant une action généreuse, c'est au fond que nous y trouvons une certitude, la certitude qu'il y a au delà de la multiplicité, des distinctions mises entre les individus par le « principium individuationis », une unité réelle, accessible même pour nous, car voilà qu'elle se manifeste dans les faits.

Selon que c'est l'une de ces deux pensées, ou l'autre qui prévaut en nous, c'est la φιλία d'Empédocle, ou le νεῖκος (1) qui règne entre l'être et l'être. Mais celui qu'anime le νεῖκος, s'il pouvait par un effort de sa haine, pénétrer jusque dans le plus détesté de ses adversaires, et là, parvenir jusqu'au dernier fond, alors il serait bien étonné : ce qu'il y découvrirait, c'est lui-même. En rêve, toutes les personnes qui nous apparaissent, sont des formes

1. L'Amitié et la Haine, deux principes dont la lutte, avec ses vicissitudes, fait, selon Empédocle, toute l'existence du monde. (TR.)

derrière lesquelles nous nous cachons nous-mêmes : eh bien ! durant la veille, il en est de même ; la chose n'est pas aussi aisée à reconnaître, mais « tat twam asi ».

Celle de ces deux pensées qui domine en nous perce non-seulement dans chacune de nos actions, mais dans toute notre vie morale, dans tout notre état : c'est par là que l'âme d'un homme bon diffère si nettement de celle d'un méchant. Ce dernier sent partout une barrière infranchissable entre lui et tout le reste. Le monde pour lui est au sens le plus absolu un *non-moi* : il y voit avant tout un ennemi ; aussi la note fondamentale de sa vie est-elle la haine, le soupçon, l'envie, la joie maligne. — Au contraire, l'homme bon vit dans un monde qui est homogène avec sa propre essence : les autres ne sont pas pour lui un non-moi, mais il dit d'eux : c'est encore moi. Aussi se sent-il pour eux un ami naturel : il sent qu'au fond tout être tient à son être, il prend part directement au bien et au mal de tous ; et avec confiance, il attend d'eux la même sympathie. De là cette profonde sérénité qui règne en lui, cet air d'assurance, de tranquillité, de contentement, qui fait que chacun autour de lui se trouve bien. — Le méchant, dans sa détresse, ne compte pas sur l'aide des autres ; s'il y fait appel, c'est sans confiance ; s'il l'obtient, il n'en ressent nulle reconnaissance : il n'y peut guère voir qu'un effet de la folie d'autrui. Quant à reconnaître en un étranger son propre être, c'est ce dont il est bien incapable, même quand la vérité s'est manifestée à lui par des signes aussi indubitables. Et de là vient tout ce qu'il y a de monstrueux dans l'ingratitude. Cet isolement moral, où se renferme par nature, et inévitablement, le méchant, l'expose à tomber souvent dans le désespoir. — L'homme bon, lui, met autant de confiance dans l'appel qu'il adresse aux autres, qu'il sent en lui de bonne volonté toujours prête à leur porter secours. C'est, nous l'avons dit, que pour l'un l'humanité est un non-moi, et pour l'autre « c'est moi encore ». L'homme généreux, qui pardonne à son ennemi, et qui rend le bien pour le mal, voilà l'être sublime, digne des plus hautes louanges : il reconnait le même être qu'il porte en lui, là même où cet être nie le plus fortement son identité.

Il n'est pas de bienfait pur, pas d'assistance vraiment et pleinement désintéressée, c'est-à-dire dont l'auteur s'inspire de la seule pensée de la détresse où est autrui, qui, examinée à fond, n'apparaisse comme un acte vraiment mystérieux, une sorte de mystique mise en pratique : car elle a son principe dans cette vérité même, qui fait le fond de toute mystique : et toute autre explication ici serait une erreur. Un homme fait l'aumône ; il ne songe, ni de près ni de loin, à rien autre chose qu'à diminuer la misère qui tourmente ce pauvre : eh bien ! cet acte serait bien impossible, s'il ne savait qu'il est cet être même qui lui apparait sous cette forme déplorable, s'il ne reconnaissait enfin son propre être, son être intime, dans cette apparence étrangère. Et voilà pourquoi, dans le précédent chapitre, j'ai appelé la pitié le grand mystère de l'éthique.

Celui qui va à la mort pour sa patrie, est délivré de l'illusion, ne borne plus son être aux limites de sa personne : il l'étend, cet être, y embrasse tous ceux de son pays en qui il va continuer de vivre, et même les générations futures pour qui il fait ce qu'il fait. Ainsi la mort pour lui n'est que comme le clignement des yeux, qui n'interrompt pas la vision.

Voici un homme pour qui tous les autres ne sont qu'un non-moi ; au fond sa propre personne, seule, est pour lui vraiment réelle : les autres ne sont à vrai dire que fantômes ; il leur reconnait une existence, mais relative : ils peuvent lui servir comme instruments de ses desseins, ou bien le contrarier, et voilà tout ; enfin entre sa personne et eux tous, il y a une distance immense, un abîme profond ; le voilà devant la mort : avec lui, toute réalité, le monde entier lui semble disparaître. Voyez cet autre : en tous ses semblables, bien plus, en tout ce qui a vie, il reconnait son essence, il se reconnait ; son existence se fond dans l'existence de tous les vivants : par la mort, il ne perd qu'une faible portion de cette existence ; il subsiste en tous les autres, en qui toujours il a reconnu, aimé son essence, son être ; seulement l'illusion va tomber, l'illusion qui séparait sa conscience de toutes les autres. Ainsi s'explique, non pas entièrement, mais en grande partie, la conduite si différente que tiennent en face de la mort l'homme d'une bonté extraordinaire et le scélérat.

De tout temps, la pauvre Vérité a eu à rougir de n'être qu'un paradoxe : et pourtant ce n'est pas sa faute. Elle ne peut prendre la forme de l'erreur qui trône partout. Alors, gémissante, elle implore du regard son dieu protecteur, le Temps, qui du doigt lui montre le triomphe et la gloire futurs. Mais le Temps a un coup d'aile si ample, si lent, que, cependant, l'individu meurt. Moi aussi, je sens bien l'air paradoxal que je vais avoir, avec mon interprétation métaphysique du phénomène primordial en éthique, aux yeux de nos Occidentaux instruits, accoutumés qu'ils sont à voir fonder la morale de tout autre manière : mais je ne peux pas pourtant faire violence à la vérité. Tout ce que je peux, par considération pour eux, obtenir de moi, c'est de faire voir, par une citation, comment cette métaphysique de la morale était, il y a déjà des dizaines de siècles, au fond de la sagesse des Hindous ; c'est de cette sagesse que je me réclame : ainsi Copernic en appelait au système astronomique des pythagoriciens, étouffé par Aristote et Ptolémée. Dans le Baghavad-Gita, lecture XIII, 27-28, on lit ceci (traduction de A. W. von Schlegel) : « Eumdem in omnibus animantibus consistentem summum dominum, istis pereuntibus haud pereuntem qui cernit, is vere cernit. — Eumdem vero cernens ubique præsentem dominum, non violat semet ipsum sua ipsius culpa : exinde pergit ad summum iter (1). »

Je dois m'en tenir à ces simples indications touchant la méta-

1. « Celui qui voit un même souverain maître au fond de tous les vivants, maître qui lorsqu'ils meurent ne meurt pas, celui-là voit le vrai. — Or, voyant le maître présent partout, il ne se souille par aucune faute qui soit de son fait : aussi il suit la route qui mène en haut. » (TR.)

physique de la morale : et pourtant il resterait encore à faire un pas de plus, qui est tout à fait nécessaire. Mais pour cela il faudrait en morale aussi s'être avancé d'un pas plus loin ; et c'est ce qui ne se peut guère ici : en Europe, la morale ne se propose pas de but supérieur à la théorie du droit et de la vertu ; ce qui est au delà, elle l'ignore ou le méconnait. Ainsi, en omettant par nécessité ce dernier point, je dois ajouter qu'avec cette esquisse d'ensemble d'une métaphysique de la morale, on ne peut entrevoir, même de loin, la clef de voûte de l'édifice métaphysique complet : on ne peut deviner la véritable liaison des parties de la *Divina Commedia*. D'ailleurs, de l'exposer, cela ne rentre ni dans la question, ni dans mon plan. On ne peut dire tout en un jour : et puis il ne faut pas en répondre plus long qu'on ne vous en demande.

Quand on travaille à faire avancer la pensée humaine et la science, on éprouve toujours de la part du siècle une résistance : c'est comme un fardeau, qu'il faut traîner, et qui pèse lourdement sur le sol, quoi qu'on puisse faire. Mais ce qui doit alors nous rendre confiance, c'est la certitude d'avoir, il est vrai, les préjugés contre nous, mais pour nous la Vérité : et la Vérité, une fois qu'elle aura fait sa jonction avec son allié, le Temps, est sûre de la victoire : si donc ce n'est pas pour aujourd'hui c'est pour demain (1).

JUDICIUM REGIÆ DANICÆ SCIENTIARUM SOCIETATIS.

Quæstionem anno 1837 propositam, « utrum philosophiæ moralis fons et fundamentum in idea moralitatis, quæ immediate conscientia contineatur, et ceteris notionibus fundamentalibus, quæ ex illa prodeant, explicandis quærenda sint, an in alio co-

1. On peut rappeler ici la devise que Schopenhauer a mise en tête du volume qui renferme le présent mémoire et l'essai sur *le Libre arbitre* : *Μεγάλη ἡ ἀλήθεια καὶ ὑπερισχύει.* » (« Grande est la vérité : rien n'est aussi fort qu'elle. ») (TR.)

gnoscendi principio », unus tantum scriptor explicare conatus est, cujus commentationem, germanico sermone compositam et his verbis notatam : « Moral predigen ist leicht, moral begründen ist (1) schwer », præmio dignam judicare nequivimus. Omisso enim eo, quod potissimum postulabatur, hoc expeti putavit, ut principium aliquod ethicæ conderetur, itaque eam partem commentationis suæ, in qua principii ethicæ a se propositi et metaphysicæ suæ nexum exponit, appendicis loco habuit, in qua plus quam postulatum esset præstaret, quum tamen ipsum thema ejusmodi disputationem flagitaret, in qua vel præcipuo loco metaphysicæ et ethicæ nexus consideraretur. Quod autem scriptor in sympathia fundamentum ethicæ constituere conatus est, neque ipsa disserendi forma nobis satisfecit, neque reapse, hoc fundamentum sufficere, evicit ; quin ipse contra esse confiteri coactus est. Neque reticendum videtur, plures recentioris ætatis summos philosophos tam indecenter commemorari, ut justam et gravem offensionem habent (2).

1. Ce second « ist » *, c'est l'Académie qui de sa grâce l'a ajouté pour donner une preuve de cette théorie de Longin (*de Sublim.* c. XXXIX, que l'addition ou le retranchement *d'une* syllabe peut suffire pour détruire toute la force d'une sentence.

2. « La question proposée pour l'année 1837 était celle-ci : « L'origine et le fondement de la morale doivent-ils être cherchés dans « l'idée de la moralité, qui est fournie directement par la conscience, « et dans les autres notions premières qui dérivent de cette idée, ou « bien dans quelque autre principe de la connaissance ? » Un seul auteur a essayé d'y répondre : sa dissertation est en allemand, et porte cette devise : « Il est aisé de prêcher la morale, il est difficile « de fonder la morale. » Nous n'avons pu la trouver digne du prix. L'auteur en effet a oublié le vrai point en question, et a cru qu'on lui demandait de créer un principe de morale ; par suite, s'il a dans une partie de son mémoire, exposé le rapport qui unit le principe de la morale tel qu'il le propose, avec sa métaphysique, c'est sous la forme d'un appendice ; en quoi il pense donner plus qu'on ne lui demande ; or c'était là justement la discussion qu'on voulait voir traiter, une discussion portant principalement sur le lien entre la métaphysique et l'éthique. L'auteur, de plus, a voulu fonder la morale sur la sympathie : or ni sa méthode de discussion ne nous a satisfaits, ni il n'a réussi réellement à prouver qu'une telle base fût suffisante. Enfin, nous ne devons pas le taire, l'auteur mentionne divers philosophes contemporains, des plus grands, sur un ton d'une telle inconvenance, qu'on aurait droit de s'en offenser gravement. » (TR.)

* Schopenhauer avait mis : « Prêcher la morale, c'est chose aisée; la fonder, voilà le difficile. » L'Académie met : « Il est aisé de prêcher la morale ; il est difficile de la fonder. » (TR.)

FIN.

TABLE DES MATIÈRES.

1082. — ABBEVILLE. — TYP. ET STÉR. GUSTAVE RETAUX.

www.ingramcontent.com/pod-product-compliance
Lightning Source LLC
LaVergne TN
LVHW020604230826
846091LV00002B/599

* 9 7 8 2 0 1 9 6 9 3 6 8 8 *